大夏书系·『核心素养与21世纪技能』译丛

丛书主编　杨向东

Key Competencies for the Future

面向未来的核心素养

[美]

罗斯玛丽·希普金斯
Rosemary Hipkins

雷切尔·博斯塔德
Rachel Bolstad

萨利·博伊德
Sally Boyd

苏·麦克道尔
Sue McDowall

著

高振宇

译

华东师范大学出版社

全国百佳图书出版单位

·上海·

Key Competencies for the Future

Original publisher: NZCER Press, Wellington, New Zealand

© Rosemary Hipkins, Rachel Bolstad, Sally Boyd and Sue McDowall

Simplified Chinese Translation Copyright © 2020 by East China Normal University Press Ltd.

All Rights Reserved

上海市版权局著作权合同登记　图字：09-2017-644 号

华东师范大学"幸福之花"基金先导项目（人文社会科学）"复杂学习情境下核心素养测评范式及其培养机制研究"（2019ECNUXFZH015）的成果。

"核心素养与 21 世纪技能"译丛
编委会

主　编： 杨向东

副主编： 安桂清

编辑委员会（按姓氏拼音排序）：

安桂清　窦卫霖　高振宇　杨向东

张晓蕾　张紫屏

目录

第五章 / 在知识主张冲突时学会信任何人?

第六章 / 团结协作共创意义

"核心素养与 21 世纪技能"译丛译者序

1997 年，世界经济合作与发展组织（OECD）启动了"素养的界定和选择"（Definition and Selection of Competencies，DeSeCo）项目（OECD，2005）。该项目旨在研究面向 21 世纪的个体应该具备的核心素养，提供界定和选择这些核心素养的理论依据，以回应日益复杂的时代变化和加速度的科技革新给个人生活与社会发展所提出的种种挑战。

自 DeSeCo 项目发起之后，核心素养迅速成为世界各个国家、地区和国际组织界定和思考 21 世纪学校教育与学生学习质量的基本概念。培养学生具有适应 21 世纪社会需求、促进终身学习和发展的核心素养，成为基础教育改革和发展的国际最新趋势。根据全球化和信息化时代生存和发展的要求，许多发达国家和国际组织纷纷提出了各自的核心素养框架，其中比较有影响力的包括欧盟提出的终身学习核心素养共同框架（European Commission，2006，2012），美国 21 世纪技能联盟提出的 21 世纪学生学习结果及其支持系统（US partnership for 21st century skills，2014)，以及思科（Cisco）、英特尔（Intel）和微软 (Microsoft) 三大信息技术公司发起的 21 世纪技能教学和测评项目（Griffin et al.，2012）。

这些框架无一例外都关注创新、批判性思维、沟通交流和团队合作能力，强调个体的核心素养需要在数字化和信息化环境下展开，重视在全球化条件下和多元异质社会中培养主动参与和积极贡献的意识、能力和责任感。这种相似性并非偶然，集中反映了全球化和数字化时代对公民素养的共同要求。自上世纪 60 年代以来，数字化技术的迅猛发展导致全球经济模式、产业结构和社会生活持续发生根本性的变化。新的世纪进入人工智能时代，经济模式以创新为主要驱动力。越来越多的工作类型要求参与者适应充斥着高新技术的工作环境，能够对复杂陌生的问题做出灵活反应，能够有效沟通和使用各种资源、技术和工具，能够在团队中创新，持续生成新信息、知识或产品。现代社会变化加速，工作和生活流动性增加，需要人们能够学会学习和终身学习，尽快适应新的环境和不断变化的生活节奏及性质。

显然，滥觞于本世纪初的这场运动从一开始就带有浓浓的社会适应的味道，虽然这种适应不可避免地带有促进个体发展的意蕴。所谓的核心素养，就是个体适应日益复杂多变的 21 世纪社会需求所需要的关键性和根本性的品质。在这个意义上，核心素养与 21 世纪技能在内涵上是互通的，指向新世纪个体的可持续发展与社会的良好运作。按照 OECD 的说法，21 世纪的核心素养需要满足三个条件：（1）要产生对社会和个体有价值的结果；（2）帮助个体在多样化情境中满足重要需要；（3）不仅对具体领域的专家而言是重要的，对所有人都是重要的（OECD，2005）。在内涵上，核心素养超越了对具体（学科）领域知识或技能的理解与掌握，更强调整合性、现实性和可迁移性。按照 OECD 的说法，素养"不仅仅是知识与技能。它包括在特定情境中个体调动和利用种种心理社会资源，以满足复杂需要的能力"。所调动和利用的心理社会资源"包含各种知识、技能、态度和价值观（OECD，2005，p.4）"。它是个体整合上述资源，应对或解决各种复杂陌生的现实问题的综合性品质。

这对既有的教育理念和方式提出了巨大的挑战，也产生了深远的影响。以21世纪的核心素养为育人目标，让教育者更加关注如何搭建学校教育、儿童生活与未来社会的桥梁，而不仅仅将视野局限在学科内容、教学要求和考试大纲等方面。利用核心素养模型来阐述教育总体目标，不仅使育人形象更为清晰，也对学校教育提出了超越学科知识和技能的育人要求，强调对高阶、整合和可迁移的综合品质的培养。素养导向的学校教育指向更为广义的课程观，蕴含了一种以人为本的泛在育人环境的构建。以学生的核心素养发展为主轴，通过各种整合性的现实情境和真实性任务，实现各教育阶段的螺旋上升和各学科课程之间的统整。在学习方式上，通过问题式或项目式学习，让学生解决体验复杂的、不确定性的真实性问题，模仿或参与各种真实性社会实践，发展批判性和创造性思维，学会沟通交流和团队协作，在经历对知识和理解的社会性建构过程中实现自我成长与社会适应的统一。毋庸置疑，这样一种教育模式对学校的教学管理、资源配置、考试评估及教师专业发展等方面都提出了诸多挑战和要求。学校需要从素养培养的现实需求出发进行资源配置，按照新型学习方式开展日常教学管理，构建以核心素养为实质内涵的质量话语体系和评价机制，赋予教师更加充分的专业自主权和灵活性。这一过程显然是长期而艰巨的。正如那句英语谚语所说的，"It takes a village to raise a child"（养孩子需要全村协力），没有整个教育系统的转型，素养导向的教育变革难以真正实现。

　　与国际教育改革和发展的趋势相一致，我国以普通高中课程标准的修订为契机，开启了以核心素养为纲的基础教育课程改革。2018年1月，历时四年修订的普通高中课程标准正式颁布。以核心素养的培养为主线，新修订的课程标准在教育目标、课程育人价值、课程结构、内容组织、学业质量标准、学习和教学方式、考试评价等一系列领域均取得了重要突破，为我国基础教育课程改革的进一步深化提供了理论基础和政策前提。如何在此基础上，系统反思我国原有教育教学观念和体系的弊端与不足，结合我国教育实际，开展系统深入的素养教育理论和实践研究，开发促进学生核心素养发展的课程体系、学习方式和评价机制，实现学校育人模式和管理机制的转型，是摆在我国教育理论工作者和实践人员面前的迫切任务。

出于以上思考，我们选编、翻译和出版了这套"核心素养与21世纪技能"译丛。考虑到国内推进基础教育课程改革的现实需求，本套丛书聚焦于以核心素养或21世纪技能为指向的理论、研究和实践的整合，关注当前基础教育的重大议题。所选书目在主题和内容上包括：（1）基于国情构建核心素养体系的探索；（2）21世纪学习机制和理论框架的研究；（3）核心素养理念指导下课程与教学改革的可行路径；（4）21世纪技能测评的方法与技术；（5）促进学生核心素养发展的学校和社区教育环境的建设等。对相关主题的阐述既有理论的视角，也有便于参考和借鉴的思维框架、研究或实施路径，以及源于教育现实的真实案例或课堂实录。本套书适合致力于推进我国基于核心素养的课程、教学、评价以及学校管理的广大教育研究人员和实践工作者阅读和使用。我们希望通过这套丛书为大家提供有用的资源，改善大家对核心素养的理解，促进课程、教学和评价等领域转型，为推进我国基础教育课程改革提供富有价值的支持。

本套译丛是集体合作的成果。参与译丛翻译工作的大都是从事我国基础教育研究工作的中青年学者，具有良好的教育背景和科研素养。为了统一不同书中的专业术语，保障译丛翻译稿件质量，每本书的译者先对附录中的专业词汇进行了翻译，然后在整套译丛层面上进行了汇总，并在讨论基础上尽可能进行了统一处理。翻译是一项既有很强专业性，又富有艺术性的工作。翻译过程既细致而又漫长。在此向参与译丛翻译的各位译者的辛勤付出表示衷心的感谢。译丛中不同原著已然风格不一，不同译者又有着自己的理解和语言风格，希望读者能够理解并给以谅解。华东师范大学出版社的龚海燕副社长对本套译丛非常关心，在译丛版权方面做了大量富有成效的工作，在此一并表示衷心的感谢。

杨向东

参考文献:

European Commission. (2006). *Key Competences for Lifelong Learning, OJ L 394, 30.12.2006* [online]. Available: *Http://europa.eu/ legislation_summaries/education_training_youth/lifelong_learning/ c11090_en.htm.*

European Commission. (2012). *Developing Key Competences at School in Europe: Challenges and Opportunities for Policy [online]. Available: http://eacea.ec.europa.eu/education/eurydice/documents/ thematic_reports/145EN.pdf.*

Griffin, P., McGaw, B., & Care, E. (2012). *Assessment and teaching of 21st century skills.* Dordrecht, NE: Springer.

Organization for Economic Cooperation and Development (2005). *The definition and selection of key competencies, Executive summary.* Paris, France: OECD.

Partnership for 21st Century Skills (2014). *Framework for 21st Century Learning* [online]. Available: *http://www.p21.org/about-us/p21- framework.*

序

20 世纪末，当各国经济和社会日益受到全球化和技术革命的影响时，教育者开始思考这些影响对学校教育意味着什么，比如该怎样教育儿童和青少年？该教给他们什么知识？各类会议层出不穷，皆围绕"新时代的教育""21 世纪技能"以及"变革时代"的影响等话题展开。

由于官方课程代表着一个社会最看重的知识，因此出现大量针对课程改革的方案是很正常的。其中一个关键方案就是确定许多共同的技能与知识，如批判性思维、自我管理以及与他人建立联系的能力等，它们是个体生活在 21 世纪最需要的。人们往往以笼统的标题来概括这些技能与知识——在澳大利亚，教育者称其为"一般能力"；在新西兰，它们又被称为"核心素养"——与官方课程的所有学科置于同等地位。

到世纪之交时，设置共同技能与知识已成为许多官方课程的共同特征。各国承诺这项极其重要的战略，可确保学生拥有足够的技能与知识，以使其在 21 世纪过上充实且富有创造力的生活。但遗憾的是，在我看来，各国还没有实现这项承诺，主要原因是他们未对这些技能、知识与各学习领域，以及具体实施的教学方法之间的联系给予足够的关注。在课程体系中，教育者们对这些共同技能与知识的了解最少，对它们的开发也最少，这就使得它们处于薄弱状态。例如在澳大利亚，早期国家课程所强调的一般能力遭到持久的批评。许多批评意见指出，教育官员们缺乏对这些能力的准确认识，并且错误地将它们与各学习领域对立起来，而不是提高后者。若教育行政部门未能妥善处理这些意见，那么课程开发者将会选择放弃"一般能力"的构想。

新西兰所开展的课程改革给我们带来了曙光，它指出了共同技能与知识的潜力是可开发的。在过去的十年，新西兰教育研究委员会（New Zealand Council for Educational Research，简称 NZCER）已经启动了许多研究项目和专业发展活动，以推动新西兰教师理解并应用核心素养。这些项目已经产生了非常积极的学习成效，并且积累了大量有用的资源。

我怀着极大的兴趣，紧密关注着新西兰在这些方面的发展，在听闻此书将提取过去十年工作中所积累的深刻洞见时，我激动不已。此刻，在通读完此书的最终版本之后，我可以说这种乐观主义是完全站得住脚的。此书有许多重要的特点。

首先，作者期望通过本书的写作，邀请读者一起徜徉在智力之旅中，并开展公开对话。相信读者会在阅读本书的过程中享受到诸多乐趣。其次，通过阐述核心素养这个概念的来源，及如何、为何会发展为某种具体的形态，本书将新西兰核心素养置于一个更广阔的国际架构之中。第三，本书探索了核心素养各个要素的复杂内涵，同时揭示了它们彼此之间相互联系的重要性。第四，本书通过一系列"棘手难题"考查了核心素养的意义——这是一项聪明的探索策略，可借此树立典型的教学模式，并揭示这些难题是如何与核心素养相互关联的。最后，本书提供了许多经过深思熟虑并具有实操性的案例，展现了众多基于核心素养的学习方式与策略。

本书是促进教师专业发展的有利"武器"，不仅是因为我已经描述的核心素养之关键特点，而且也因为它没有任何鼓吹或说教的成分。本书作者们阐明了那些可指导选择与分析工作的价值及预设，但他们没有提供标准答案。相反，他们希望自己所设计的课程与教学模式能扎根于课堂之中，并根据课堂情况进行动态调整。

我要祝贺罗斯玛丽·希普金斯（Rose Hipkins）以及她的团队，是他们创造了这本好书，该书必将成为新西兰和许多其他国家的一项非常重要的教育资源。它为推进有关核心素养的思考与实践作出了卓越贡献。

荣誉教授 艾兰·里德

南澳大利亚大学莫森湖校区·教育学院

2014 年 2 月

导 论

本书会带领你踏上一段美妙的旅程，和你一道探寻对于 21 世纪的学生来说具有吸引力的相关课程及学校教育体系。我们是基于共同的假设而开启这段旅程的，这些假设是我们过去费尽心思挖掘的一套重要概念，其名字恰好是"核心素养"。许多教师对该术语都非常熟悉，无须额外介绍。如其他国家一样，新西兰也已将核心素养纳入国家课程体系之中。在本书中，当谈到具体的"新西兰课程"版本时，我们所指的是"核心素养"。而在谈到经济合作与发展组织（Organisation for Economic Co-operation and Development，OECD）的版本时，我们是指"OECD 核心素养"。若我们更加笼统地指向这些概念本身时，我们将只会简单地谈到"素养"，抑或解释为"能力"。

我们认为核心素养是思考时所用的隐喻（而不是学生所具有的某种更具体的事物）。在思考核心素养究竟为何物，它们在课程中居于何等位置且意味着我们该做什么等问题上，采取这样的方式可能会有点陌生。在本书中我们将在两套不同的观念之间进行流畅地切换。首先，核心素养这个概念可引导我们就"学生如何学习"及"学校教育的未来"展开对话。我们使用这个概念来评估当前的教育实践，并且展示新的可能性，以促成教育体系的转型。而在第二套概念中，每一个概念都被冠以核心素养之名，且在探索其复杂的特点方面走得更深。没有哪一种思维方式能完全捕捉核心素养的本质，并了解它们对世界范围内的课程改革意味着什么。我们写作本书的目的不是去揭示核心素养的"真实"本质，抑或展现每一个人应该就此做些什么具体工作。相反，我们的目标是指出核心素养乃是一套丰富和复杂的概念系统，并为教育者勾勒出可能的方向，以改进他们目前所从事的工作。

当核心素养第一次"驾临"新西兰学校课程体系时，人们对学校就此该做些什么还不甚清楚。我们共事的某些学校就核心素养所具有的潜力感到非常兴奋，迫切期望探索可能的学习路径。开发可反映每个素养核心层面的主题词，就是其中的一项普遍探索策略。通常通过使用类似"形成性的""自信的"和"专家"等主题词试图说明在发展素养方面我们可以取得哪些进步。其后，许多学校开始不满足于这些早期的主题词，并将它们搁置一旁。但是他们并不认为创造这些主题词纯属浪费时间。他们在核心素养方面形成了更深刻、更微妙的见解，并将其视为课程改革的跳板。我们经常会听到人们将这些探索描述为重新思考学校课程之路上的重要一步，而不认为它们的存在是为了确立清楚界定的终点。高度投入的教师和学校领导者们认识到要形成一种全新的愿景，就势必会造成一些模糊的结果——而不确定性必会带来更广阔的探索空间。

就如学校中的同事一样，我们也处于同样的旅途中。我们也发现侧向移动有时对前进来说是必要的。本书描绘并延伸了我们的学习之旅，有助于我们更深刻地理解处于"新西兰课程"（NZC）中心地带的五类核心素养。我们是一群来自新西兰教育研究委员会（NZCER）的小型研究团队。自新西兰课程首次将核心素养纳入其中以来，无论是个人还是集体，我们均已就这个议题工作多年。在课程方案颁布之前，我们为教育部做了很多准备工作。而在新西兰课程方案公布以后，我们又对学校的实施情况作了深入调查，并很快就发现新西兰课程在创建一个有活力的、重新聚焦的、本土的以及能满足学生学习需求的课程方面具有重要意义。借助一系列研究项目，我们继续针对"核心素养的内涵如何在最前沿的学校工作中不断演进"这个问题进行研究与写作。这些经验构成了本书的基础——我们使用的所有个案均来自新西兰本土的学校。

○ 为何要阅读本书？

每次当我们认为自己已经揭示了有关核心素养的观点时，我们会发现其实还有更多的细节需要去探索。如果你认识到这种挑战，那么本书就非常适合你。我们写作本书的目的是让那些想要对核心素养有更深入理解的教师和学校领导者认识到：核心素养的复杂本质是什么？核心素养是如何推动课程领域的真正变革并让学生真实感受到这种变革的？为什么推动这些变革对儿童的未来有深刻影响？我们也希望本书能引起更多读者的注意——那些希望了解当今时代的教育究竟在发生什么变化以及为什么会发生这些变化的读者。

概念史是重要的，特别是当这些概念的内涵非常丰富，可导致研究者作出截然不同的解释时。了解这些概念从何而来以及为什么存在，可协助我们确定合理的焦点及架构，以便作出更深思熟虑的决策。所以我们做的第一件事情便是回到最初的源头，审视核心素养这个概念究竟从何而来，以及我们是如何得出新西兰版本的概念的。我们也简要总结了迄今为止人们对核心素养的各种不同观点，我们能看到其局限性，以及它们在推动动态的、具有前瞻性的深刻改革方面所发挥的作用。其余关于核心素养的问题则成为后续章节关注的重点。

我们采用了一种创造性的探究方法（该方法在第二章中有详细阐述），以了解核心素养是如何推动学校课程的真正转型的。如果我们真的想要实现新西兰课程 21 世纪的宏伟目标，我们就不能仅仅停留在已经在做的事情上，而应该做得更好。我们的目的是要为那些影响学校工作以及学生学习体验的可能的、深刻的变革提供积极启示。纵观全书，我们描述了大量真实的例子，以表明新西兰许多地区有创造力和有激情的教师正在向人们展示可行的道路。

第一章

核心素养——
正当其时的概念

正如许多其他重要的概念一样，核心素养这个概念也拥有其自身的历史与积淀。我们知道接下来描述的内容对许多在学校中工作的读者来说是非常熟悉的。我们承诺重温核心素养这个概念的由来对读者来说是有意义的。我们也致力于吸引那些对核心素养以及有关 21 世纪课程的其他概念不熟悉的读者。如果你是这类读者的话，下列背景或许会有助于你更好地理解——相较于你读书时体验过的课程，当前的学校课程如何及为什么会发生如此持续的变化。

○ 新西兰课程的整体结构

我们称新西兰课程是一个"架构性"的课程。它并不为学生该学习什么提供明确的列表。相反，这个架构只是给出了总体的方向，如学生应当体验学习的哪些方面，为什么这些体验会被致力于课程开发的教育者们重视等。在此，知识没有被忽略——远非如此。这八个学习领域不是要提供详细的指南，而只是就重要的知识与技能进行高度总结，并揭示这些知识与技能应归属于整个学习项目中的哪个部分。针对那些不熟悉此结构的读者，图 1.1 展示了新西兰课程的具体架构。当你在阅读本书的时候，最重要的一点是：学校及教师需自行拆解和解释这个架构。最终，每个学校都有责任去设计能满足学生学习需求的课程体系。

学习方向

图 1.1 新西兰课程，第 7 页

○ 核心素养概念的起源

20 世纪中叶，全球范围内教育政策的制定者们开始探讨 21 世纪的教育应作出改变，他们试图想象哪些变革是真正需要的。此后到了 1993 年，联合国教科文组织（UNESCO）成立了一个开拓性的项目组，即"国际 21 世纪教育委员会"（International Commission on Education for the Twenty-first Century）。该项目的负责人是雅克·德洛尔（Jacques Delors），欧洲委员会的前任主席。1996 年，他领导的这个国际团队向联合国教科文组织汇报了工作进展。他们将报告写成了一本书——《教育——财富蕴藏其中》(*Learning: The Treasure Within*)。近来人们普遍将这本书称为"德洛尔报告"。在这份报告中，委员会收集了许多关于21世纪教育的概念，并将这些概念整合为四个简单而有力量的"支柱"，以适用于任何一个教育体系。他们认为每一个儿童都有资格享受相关教育，以支持他们掌握如下技能：

- 学会生存；
- 学会认知；
- 学会做事；
- 学会共处。

这些概念为许多教育者开辟了一个新的思考空间，使他们能更深入地了解教育目标，以及世界范围内各个教育体系所应重视的学习结果。很显然，学会认知和学会做事对大家来说更加熟悉，而"学会生存"和"学会共处"却依然需要大量的解释和讨论。例如，新西兰人希望通过这样的教育使下一代成为怎样的人？这是一个价值负载的问题，但是新西兰课程，至少在课程文件开头关于愿景的陈述中就作出了高层次的回答。

我们希望未来的年轻人能：

- 有创造力、充满活力，以及有进取心；
- 抓住新知识和技术带来的机遇，为我们国家创造一个可持续的社会、文化、经济和环境的未来；
- 创造一个奥特雷式的新西兰，在这个国度中，毛利人和新西兰白人都能认识到对方是良好的协作伙伴，所有文化都因自己作出的贡献而受人尊敬；
- 在校学习期间持续发展价值观、知识与能力，使他们能过上丰富的、令人满意的生活；

· 自信的、彼此关联的、积极参与的终身学习者（NZC，p.8）。[①]

经济合作与发展组织（OECD）是一个重要的国际组织，它进一步推动了这场关于 21 世纪课程改革的开放性对话。而核心素养这个概念正是从他们的工作中来的。经济合作与发展组织常年实施"国际学生评价项目"（这是一项通常被人们称为 PISA 的国际测验）。他们使用 PISA 测验来比较不同国家在教育 15 岁青少年"准备好适应校外工作与生活"这个方面的成功程度。PISA 的结果可用来衡量一国教育之成功与经济繁荣的关系。因此经济合作与发展组织的首要目标是说服各国政府对全体青少年的学习进行合理投资。

PISA 关注的学科领域是阅读、数学和科学，同时也注重问题解决。但是 OECD 创造 PISA 的目的是检测学生适应工作与生活中的重要情境并将相关学科知识应用于这些情境中的能力。此目标意味着坚守传统的学科架构是不够的。PISA 项目须受到新的架构的指导，而不仅仅是让学生展示他们知道了什么以及他们该通过学习做点什么。这项挑战对测试问题的开发是极其重要的。所以 OECD 开展了大规模的咨询活动，以便建立起一个可指导 PISA 测验题开发的架构。这个项目被称为 DeSeCo（素养的界定与遴选），其最终成品就是形成了 OECD 版本的核心素养体系。[②]

DeSeCo 项目邀请来自 OECD 不同国家的研究者，一起就"青少年应具备什么能力，才能在一个健全运作的社会里享有成功的人生"这个话题贡献自己的智慧。主导该项目的核心问题是"当今社会应对其公民提出怎样的要

---

① 我们希望文本的呈现尽可能简洁，所以我们决定所有引用于新西兰课程的文句都只是简单标注并配以相应的页码。新西兰教师对这个课程文本已经非常熟悉了。其他读者可以在网上找到新西兰课程的完整版本：www.tki.org.nz。这个网站代表新西兰教育部，提供了大量官方的课程资料。
② 关于整个过程的详细介绍可参考 OECD 的官网：www.pisa. oecd.org/dataoecd/47/61/35070367.pdf。

求？"[1]DeSeCo 研究者收集了大量意见并将其整合为四项核心素养。此四项核心素养至关重要，这是因为：

- 每个学生都需要掌握这些素养，而不管其生活环境如何；
- 无论身处何种文化及来自哪一洲，这些素养对个体而言都是重要的；
- 它们具有跨学科性——例如，与课程体系中所有学习领域皆有关联。

研究者也对其他许多素养做了命名，但是只有这四项被认为是其他所有素养的奠基石。表 1.1 根据 OECD 的说明，对这四项核心素养做了命名，并揭示了它们的主要元素。在 OECD 从 A 到 C 的文字下方我们增加了一个针对每项素养的解释，这些解释来自 DeSeCo 的简要报告。尽管这少许文字只能对 DeSeCo 开发者的意图作一番粗浅的了解，但是我们还是希望它能在一定程度上显示其意图的丰富性和精妙之处。

表 1.1　OECD 的四大类核心素养

OECD 核心素养	此素养包含什么
自主行动	A. 在大环境中有所行动 B. 设计人生规划与个人计划 C. 捍卫与维护自身权利、权益、局限及需求 自主行动要求个体发展出自我身份的安全意识，了解其适应何等环境，以及对未来的定位，从而帮助他们思考自身潜力可在哪些方面发挥作用。

---

① 这个问题来源于 OECD 简报中的第 6 页（参见 OECD，2005）。

续表

OECD 核心素养	此素养包含什么
在异质社会团体中互动	A. 与他人建立良好关系 B. 团队合作 C. 控制和解决冲突 学生须发展站在他人立场上进行思考的能力（如共情力），包括从他人的角度出发看问题，仔细思考与他人互动的动态情形。
互动地使用工具	A. 互动地使用语言、符号及文本 B. 互动地使用知识与信息 C. 互动地使用技术 学生须理解工具能改变我们与世界互动的方式。各类型的学习工具均可发挥积极建构的意义而不仅仅是被动地传递知识。
思　维	反省性思维处于所有其他核心素养的中心位置。因此，思维可被视为是一项"跨领域"的核心素养。 有趣的是这个原创的 DeSeCo 版本并没有像其他三类核心素养一样，对思维这个维度进行分析（分 A—C）。

○ 在转译过程中我们损失了什么信息？

　　表 1.2 对比了 OECD 和新西兰课程两个版本的核心素养架构。我们注意到两者之间总体上是非常相似的，但并非每一项都一一对应。新西兰课程版本拥有五项核心素养，而 OECD 只有四项。

　　哪些差异吸引了你的注意？首先你可能会疑惑为什么新西兰课程的开发者会对"思维"采取不同的处理方法。在新西兰课程中，思维——作为一项核心

表1.2 核心素养 OECD 版本和新西兰课程版本比较

OECD 的核心素养架构	新西兰课程的核心素养
自主行动	自我管理
在异质社会团体中互动	与他人建立良好关系 参与和贡献
互动地使用工具	使用语言、符号和文本
思维（跨领域的）	思维（但不被视为具有跨领域性）

素养——拥有和其他三项核心素养一样的独立地位；而在 OECD 的版本中，我们看到思维却是与其他几项素养的表述整合在一起的。这是因为 OECD 认为反省性思维是一个人具备上述能力的重要组成部分，个体若只具备做什么的能力而无法思考及批判自身的选择和行动是不够的。在本书的各个章节中，我们会不断返回到这一点上来。不过，新西兰课程核心素养的早期起草人中有一些已经注意到，每一个核心素养其实都是综合概念，因此"思维"必须与其他核心素养处于并列位置的论断也适用于其他任何一个核心素养组合（如"自我管理"通常也可与其他核心素养组合起来）。在早期咨询过程中存在的第二个反驳意见是，思维自身是极其复杂的，它包含了不同种类的思维概念和方法。基于这个原因，将思维列为独立的核心素养，这可促使人们讨论它的具体范围，并由此形成其内涵的共识性理解[①]。

事后看来，这是一件有意义的事。在与核心素养的概念打交道近十年之后，我们才有可能回顾并审视新西兰课程命名的核心素养概念，并不必传达出每一

---

① 新西兰课程研制期间，教育部的政策顾问贾斯丁·罗斯福特（Justine Rutherford）对几次重要的讨论做了记录。这些记录被收录在《课程事务》杂志的一篇文章中。罗斯福特的文章强调，在新西兰，从讨论的开始阶段起，核心素养议题的复杂性就已经彰显出来了（参见 Rutherford，2005）。

个素养的全部内涵，正如 OECD 的版本一样。比较表 1.1 和表 1.2，我们能很明显地看出，新西兰课程开发者们选用的核心素养概念其实是 OECD 概念的子类。例如，如果"自我管理"不是在一个更复杂环境的不确定性中发展起来的话，那么这种环境本身就会失去意义。"成为自主自律的个体"在内涵上要比"在一个高度受控的学习情境中表现出合适的行为"更为丰富。

在新西兰课程版本中，DeSeCo 项目关于"素养体现在行动中"的理念得到了强化，因为它增加了一个类别，即"参与和贡献"。在表 1.2 中，我们将此类核心素养与"在异质社会团体中互动"对应起来，这是为了要显著表现所有核心素养的行动层面。这种对应的危险在于"参与"可能会被视作与"班级中的团队合作"同义。但是请考虑一下那些能自主行动之人的参与水平，相比那些总是等待别人给出指示的人，自然要高出许多。事实上，核心素养都相互跨越了各自领域，我们将它们刻意分开，实则是为了更好地理解它们各自的特点。但同样重要的是，在真实的情境中，要将它们重新糅合起来。

○ 作为能力的核心素养

新西兰课程将核心素养描述为"生活和终身学习的能力"（着重号为原作者所加）。这句话赫然出现在新西兰课程文件第 12 页的标题栏。但当问起来的时候，人们总是不能立刻回想起这个定义。我们怀疑这一点极容易被忽略。确实，核心素养作为能力的全部内涵是在我们脑海中逐步形成的。我们知道这一点对回答关于核心素养的其余问题及其后续章节至关重要。

将"终身"与"能力"整合起来，并构成核心素养的首要定义，这一点意义重大，特别是在考虑到应将核心素养融入每一个学习领域时。当前基于学科的学习（如英语、数学）是如何创造机会，帮助个体激发当前及未来生活所需潜能的？这个问题对于我们思考学生该学习什么，我们应评估哪些学习结果等细则非常重要。相应地，我们认为学习的重要目的也会对我们评估的结果产生重要意义。[①]

正如新西兰课程所强调的，如果学习应与学生的生活有密切联系的话，那么教师心目中关于学习更大目的的意识就必须得到进一步发展。学习，就其本身而言，必然包含比内容获取这个传统更多的要素。我们已经知道 OECD 框架中的素养具有反省式发展的特点，同时也可以预测，这个扩展性的目的需以可见的方式呈现给学生，如此，学生才会知道为什么他们要遵照要求行事，这便是学习的行动焦点。此处我们的讨论主要是解决"为什么"的问题，还有"是什么"的问题也值得探究。

当今时代的学生需要有什么能力、需要成为怎样的人，才能在学校以外的世界中生存？我们通过揭示核心素养多维度的内涵（见表 1.1）来回答这个问题。这么做可以帮助我们理解多种能力，这些能力由学习者此刻要做、或将来有意要做的具体事务所界定。但是我们也担心这种课程思维会受到熟悉之见的限制。我们的经验是有些教师在遇到与素养相关的课程改革建议时，总是会说"我们已经在这么做了"。他们这样做并不是玩世不恭——这些教师事实上并不知道自己可以得到比当前实践更多的收获。这种回应可能是因为他们未能看到最近几年"什么是课程"已经发生了巨大变化。就我们所见的，核心素养在本质上是一个课程概念——而不是一项具体事务。我们不能将其视为一颗"灵丹妙药"，只需要教育者解码，随后遵照行事即可（譬如以传统的方式，罗列学生要学习的课程内容）。核心素养需要每一个使用者作出认真解释。因为社区、学

---

① 这完全是另一类问题。因为空间的限制，评价不是主要关注点——此外我们认为本书已关注了足够多的议题。关于评价的挑战完全可以成为另一本书的核心焦点，一旦人们对学习的新方向进行热议并达成共识，评价就会顺势成为课程对话的下一个关注点。

校、教师和学生是如此多元，所以这个解释的动态过程需要尽可能贴近教与学的行为。这是建立地方课程的本质要求。其结果可能是创造一种新的学习方式，使每个人都能有参与并赋权的机会，但我们也绝不认为这是一件容易的事情。

学校领导、教师和学习者需要团结合作，外界也应对他们提供支持，以使其能持续应用素养和能力的理念，创造性地产生出更有深度、更丰富的思想及学习经验。我们从那些已经在推动课程改革的教师和学校领导者身上学到了很多，而他们也从我们协助开辟的新观念中受益。合作会持续下去，因为每个人都深知团结才是力量。

未来导向性思维是其中一个重要方面，我们可借此形成许多新的理论。现在的学生会面临某些新挑战，因为他们生活在截然不同的时代。我们是否可以想象出一些能力（这些能力包含未来导向式学习的基本要素）？这便是我们在接下来的章节中给自己设定的目标，在第二章关于未来思维过程的概述中开启。我们想要创建一个过程模型，使其他人也能借此开启自己对课程的思考。

第二章

我们的未来
思考过程

本书的标题"面向未来的核心素养"包含了两个关键词，即"核心素养"与"未来"。我们许多人都已知道核心素养的内涵（至少在理论层面），而另一个重大的、有挑战性的，更可能无法回答的问题仍悬于我们头顶，那便是我们对未来目的的思考。在本书中，伴随所有未知和不确定性的因素，我们将把未来置于前台加以审视。这么做就会给我们自己引来一个重大挑战：推动此刻的学习者和教师，应用有关未来的概念，建构有关发展和表达核心素养的观念。

建立在其他工作的基础上，[①] 我们决定采用"棘手的问题"这个概念来表达面向未来（我们迄今仍看不清）推进思维的方法。本章概述了我们为什么要将"棘手的问题"视为思考未来的生成性架构，我们通过哪些行为来发展本书的指导思想。但是首先，我们希望让你相信，新西兰课程传达了某些重要的信息，揭示了聚焦未来的课程应是怎样的。

○ 新西兰课程如何使核心素养聚焦未来？

新西兰课程的八项原则是制定课程决策的基础。其中一项原则是"聚焦未来"：

课程鼓励所有学生面向未来，探索聚焦未来的重要议题，如可持续性、公民

[①] 2012 年我们与简·吉尔伯特（Jane Gilbert）合作，为新西兰教育部共同起草了一份未来导向型学习的讨论文件。该文引入了学生需要学习多种方式处理"棘手的问题"这个概念（参见 Bolstad et al.，2012）。

身份、创业和全球化。

　　简要地说，该原则似在释放一个信号，就是将关于未来的议题包含在整个课程体系之中。但是我们认为有必要为这条原则设计更丰富的架构。该原则的详细内容应从询问学生面向未来（以及他们自己的未来）的意义可能是什么开始。如果我们将此原则的意图加入其中，并使之作为整个课程决策制定的基础，那么它将会是一个非常有分量的问题。现在各个学科领域的教育，是如何帮助儿童、青少年面向自己的未来的，即成为他们有能力成为的那种人的？

　　我们已经在第一章中看到，新西兰课程将核心素养界定为"生活和终身学习的能力"（着重号为原作者所加）。将"终身"这个概念放在定义中，传达了一个明确的信号，即学习不仅仅是指在此刻掌握某些能力，也包括跨越各个人生阶段持续学习的能力。从这个意义上来说，我们认为该原则和核心素养在重视本土课程的同时，也要关注儿童、青少年的未来。新西兰课程版本针对"我们希望儿童、青少年做什么"这个问题给出了一个理想的解释。谁不希望他们成为"自信的、有良好关系的、积极参与的终身学习者"呢？这些特质不言而喻都是好东西，也很难找到持不同意见者。但是这些特质在发挥作用时，在课堂上，在日复一日的教与学的过程中，其内涵究竟是什么？这是一个更为复杂的问题，在课程的整体层面，它再次释放出一些有用且有趣的信号。[①] 下面仅是其中两方面的信息——你可能会发现更多：

----

① 据表 1.1，就概览而言，我们指的是愿景、原则、价值观、核心素养、有效教学的建议、两页纸的"精华语句"（描述了每个学习领域对新西兰课程所作出的贡献），这些部分有时是指新西兰课程的"前半部分"。它们所传达的信息应该要与那些八大学习领域里更传统和具体的内容交织在一起，这些内容整体构成了新西兰课程的"后半部分"。

学生在学习一门语言时，会对语言的力量建立起自己的理解。他们会发现新的学习方式、新的认知方式，会对他们的能力有更多的了解。学习一门语言为学生提供了认知工具及策略，有助于他们学习其他语言，并增进对本土语言及文化的理解。

在科学领域，学生既探索自然的物理世界，也探索科学本身的工作，因此他们能作为有批判力、有见识和责任感的公民，参与到科学在其中扮演重要角色的社会之中。

这些是从新西兰课程概览部分中直接引用来的，揭示了八大学习领域对塑造"宽泛的普通教育"所作出的贡献。第一段引文（原声明的扩展版）揭示了"语言学习"这个领域对整个课程体系所作出的贡献。在其具体的表述中透露出明显的聚焦未来的特点。该学习领域的贡献并不仅仅是使学生有能力说出相关的其他语言。这里的能力包含非常重要的维度，即有助于自我觉醒以及为未来学习作准备。第二段引文（以一句话来表达更加精辟）捍卫了科学在课程中的地位，请注意它所传达的强烈讯息在未来也同样重要。学生此刻学习科学，未来才能成为有能力的社会公民，即利用科学知识作出更好的选择与决策（请注意这段话并没有说明是哪些具体的知识，我们会在本书的后面讨论这个问题）。

总之，将作为能力的核心素养置于课程的中心，为我们提出聚焦未来的问题，思考当前的学生需要在学校以外的环境中生活需掌握哪些能力等问题提供了新的路径。但是没有人能确信自己的未来会怎样。生活是变化无常的，无人能预知我们身上究竟会发生什么事。在某种程度上，我们可以借助自身和他人的经验来预测生活中的偶发事件（成功与挑战的关系、工作上的上下起伏、小事故等）。更为困难的是应对那些复杂的、会自我强化的混合社会、技术和环境因素的变化，这些变化在全球和本土急剧上演着。每一个人在面对不可知的未来时，其经验并不一定能可靠地指引个体进行进一步学习并满足自身所需[1]。这就是为什么我们要发展自己不同的思考过程，探索在未来导向的学习架构中"有能力"究竟意味着什么。我们就从这个棘手的问题开始。

○ 棘手的问题是什么？

尽管人类取得的许多成就值得称道，但是你可能会（像我们一样）担心那些与世界不和谐的种种现象。人类面临许多从未间断的严峻挑战，其中一些日益严重，难以忽视，比如气候变化、化石燃料（如煤和石油）的枯竭、环境恶化、生物多样性的丧失、经济危机、贫穷、食品安全、平等教育机会的缺乏等。学生在未来会面临更多的问题，所有问题都聚集在他们那个时代，而有些问题可能会成为主要问题。这些问题存在一些共同点。它们跨越多个领域：社会、经济、政治、环境、法律和道德。每一个问题都与其他相关联的问题发生相互作用，或者蕴含其中。没有一个问题会呈现出清晰可见的解决方案——不同的解决方案都会创造出新的问题，或加剧已有问题的严重性。所有问题都会包含一种"矛盾的信念"——不同人或团体相信自己"知道"答案是什么，但这些答案与另一些答案却大相径庭。因此，所有问题皆是"高度复杂、不确定和价值负载的"[2]。基于这样

---

① 当罗纳德·巴奈特（Ronald Barnett）在思考"指向未知未来的学习"可能包含什么这个问题时，他做了一个思想实验。他问道当没有人知道怎么做时，那个知道要做什么的人，其特质是什么？他列出的一系列特质很有启发意义（如谨慎、熟虑、谦卑、批判、接纳力、复原力、勇气和镇定）（巴奈特，2004，第 258 页），但仍然回避了哪些日复一日的学习有助于个休发展，以及如何能促进个体的发展等问题。

② 参见弗瑞姆（Frame）和布朗（Brown）（2008，第 226 页）。非常感谢我们的同事、来自新西兰土地保护研究中心的鲍伯·弗瑞姆（Bob Frame），他向我们介绍了"棘手的问题"这个概念，并且指引我们阅读了大量关于该议题的丰富、有趣的文献。

的特点，有些理论家开始称它们为"棘手的问题"①。

我们很难找到简单的、最理想的方案来解决这些棘手的问题——不是因为它们不可解决，而是因为在如何处理的方法上人们极难达成共识。重要的是，这些问题之所以棘手是因为人们无法直接用答疑解惑的方式，或者用某个知识领域或范式的方法予以处理。理论家们已经指出只有将问题的各个不同视角整合起来，人们才能解决它们。既然不同的人看问题的视角不同，那就将所有视角都摆到台面上。只有如此，人们才会开始寻找"笨拙的解决方案"。虽然这些解决方案本身并不完美（因为问题过于棘手），但至少它们可以帮助我们朝着某个有用的方向迈出一小步。在开始的时候用笨拙的方案，可以为后续涌现出更多的解决方案创造空间，减少应用最初的解决方案时所带来的新问题。

让我们暂停一下并思考，生活在为棘手问题所困扰的世界中会是怎样的，它将为我们带来哪些挑战，其教育意义为何。在"棘手的问题"与组织、教授和评价学校课程的传统方法之间，你看到了哪些不匹配之处？存在哪些机会可以用来发展核心素养？在本书中我们会不断返回到这些问题上来。

○ 棘手的问题对教育者而言是一个有用的概念化工具

显然，我们都认为 21 世纪的教育应该支持学习者主动发展一系列能力，使他们能够有效应对棘手问题，并寻找到可能的方案。尽管这些问题有难度且有挑战性，但它们是当代生活中不可否认的一部分。我们都是在一个能成功支持多种学习方式的系统中受的教育，但解决这些问题对我们绝大多数人来说仍是

---

① 参见雷纳（Rayner，2006），他认为"棘手的问题"最早是由加利福尼亚大学伯克利分校规划系教授霍斯特·锐特尔（Horst Rittel）在上世纪 60 年代末提出的。

一项巨大挑战，因为我们很少将复杂问题置于教育关注的中心。我们多数人所经历的教育也没有特别重视发展那些能有效应对 21 世纪开放式挑战的能力。认真思考这一点就意味着我们需要重新思考教育规划和设计的路径。教师和其他教育领导者也需要意识到，即便是最有经验的教育者也未必拥有协助学习者有效处理棘手问题的专长。不过我们仍然是乐观的，因为我们和你们的确拥有发展这种专长的能力。为应对这项挑战，我们决定靠自己处理某些棘手的问题，并且仔细思考其教育意义。

我们的未来式思考是这样进行的。每个人选择一个棘手问题，力图将其与更大范围内人类关心的其他问题连接起来。然后遵循同样的步骤，从媒体中选择一个或多个故事，这些故事至少从一个方面讨论了我们所选择的问题。随后对这些故事进行分析，考查其：

- 问题的本质（如在每个故事中所呈现的）；
- 建议或蕴含的解决方案的本质；
- 人们被认为是造成这个问题的原因；
- 人们为找到解决方案所作出的不同贡献；
- 意识形态视角；
- 任何差距或沉默——没有被任何一个故事提及或讨论的问题层面。

一旦这项初始的工作完成，我们就可以凭借自己对核心素养的了解，确定上述分析所揭示的那些不同层面的能力。在此，我们会问自己三类问题。

- 学生需要掌握哪些生存与做事的能力，才能有效应对那些棘手问题对自己或他人而言造成的已经迫在眉睫的境遇？
- 我们确定的那些能力对学生此时此刻的学习意味着什么？
- 我们确定的那些能力对准备适应校外生活的学生意味着什么？

这样做的目的是为了探寻新西兰课程中每一个核心素养的深层内涵，而在更传统的核心素养架构和学习领域中这些内涵很可能会被忽略。

　　在我们每个人都尝试了这个过程之后，我们会重新聚到一起讨论。每个人都指出其中的问题及其对核心素养的意义。然后总结我们所达成的共识，归纳其相似之处和不同点，讨论不同能力（通过我们的分析会浮现出来）的本质。通过这种方式，我们对集体思维进行了提炼，并构成后续各章节的基础。

○　在讲台上发表我们的意见

　　每一本有价值的书都有自己的思路，不管其明显与否。在牢记这一点的基础上，我们觉得有必要展示我们自己的价值观，以及这些价值观已对我们在接下来各章中讨论核心素养构成了何种影响。表 2.1 简略显示的就是其中一件我们非常关心的事，还有一些我们想要清楚表达的总要点。

表 2.1　意见表达

秀（Sue） **为了多元而教是什么意思？** 　　当我还是一名教师时，我认为自己知道这个问题的答案，我觉得自己还非常善于这么去教。教师职业生涯开始的时候，我就在一所小型农村学校里授课，这所学校里还有其他一些像我这样的"城里人"。在那时候，我认为"为了多元而教"是指我的所有学生——不管其年龄、种族、母语、文化、宗教、社会阶层、居住环境、优势和需要为何——都能在我的教室里听到自己所在群体的声音，并且明晰自己的归属。我从国家图书馆服务书库中拣选了几本书，这些书呈现了不同学生的兴趣和经历。我用不同的语言表达早晨的问候。我唱新西兰民歌（waiata）、学习毛利语（te reo Māori）。我们进行开

放性的艺术与写作项目探究，允许学生作出多样的、创造性的回应。我们在综合能力的群组中开展合作学习。我也努力使我的学生接触教室以外的不同人物。我们与其他学校的学生结成笔友，这些学校来自新西兰的不同地区。我们去走访当地老人之家和残疾人中心，并与那里的人结为伙伴。我认为这些是值得做的好事。但是现在我意识到自己并没有将班级和社区里的多元概念用于实处。我所开展的活动为"多元"开辟了空间，但它们并不需要"多元"才能实现。此刻吸引我的是依赖多元观念的活动或问题——即在多元观念的基础上，产生的更有趣、更富挑战性、更容易达到、更成功及更令人满意的活动或问题。我们会在第三章中看到这个过程是如何发生的。

萝丝（Rose）

我们真的相信整体大于部分之和吗？

我们经常听到这句话，但是回顾这么多年的教学工作以及教育研究生涯，我认为许多部分可能永远无法彼此联结，以创造出动态的整体。我以碎片化的状态讲授自己的科目（科学和生物），因为中学教育系统就是这样组织起来的。最近，我在开展一系列研究项目，但并没有时间仔细查看它们。我们在工作和学习上的组织方式存在许多真实的限制，有的时候想要作出改变实在是太困难了。但这恰恰是复杂系统思维想要我们做的事。这便是"整体大于部分之和"这个观念的由来，而要改变我看待世界的整个视角则要付出巨大的学术努力。当我开始探索复杂系统思维时，某些意涵对我造成了非常重大的冲击。我意识到我们的假设有多少，未来就会有多少更像现在或最近的过去。在阅读了许多书之后，我确实相信复杂系统能带来变化。它们不断吸收压力直到突然之间再也无法承受，于是一切就发生了改变。我很害怕地想到地球此刻正在承受我们所施加的压力。我感兴趣的就是我们该怎么做，才能使我们的孩子成为优秀的系统思考者，而不会让他们感到无论做什么都毫无意义。这是一个完美的平衡，在我们撰写这本书的过程中，它是一个持续的参考点。尤其是在第四章和第五章中，读者会看到我们是如何处理这些观点的。

萨利（Sally）

在学校的学习需要教师支援学生投入到真实的行动之中，为这个世界创造意义

　　类似这样的话我们经常会读到，可是又能怎么样呢？"真实"是一个被用烂了的词，所以我们需要将其界定清楚。当我们说"真实的行动"时，其意是指提供机会参与到真实生活的任务之中去，或从事深度的探究项目，这类项目不仅涉及学生真正关心的议题，对更大范围的社区也同样重要。在这些项目中，学生通常以团体的形式出现，或者与校外人员合作。读者会在本书中看到很多这类例子。我们在自己的许多研究项目中，就能看到学生和教师对于开展真实的行动有多么浓厚的热情。对学生来说，共同建构这种真实的行动对他们有极强的吸引力。我们都知道参与是启动学习最核心的要素之一，但同时我们也将学生的未来考虑在内了。这些经验为发展核心素养提供了充足的机会，有助于学生将自己看作是有力量为世界做点什么的行动者。真实学习也会有凌乱的时刻，将我们带离舒适区。我经常听到教师和学生是如何应对这些两难困境的，这使我意识到自己需要转变看待他人和学习的态度。现在我知道年轻人有能力创造出一个更好的世界：他们不是未来的公民，而是此时此刻的公民！为什么他们应当在自己有所作为之前，先了解别人是如何做到的？这个问题对我们每个人来说都是挑战，因为我们经常从学生那里听到，在教室里并不是总有这样的机会。在本书中，我们试图做到言行一致：我们选择的每个话题都能让学生发挥自身的力量，我们竭力展示在学校教育的不同阶段这一点是如何做到的。第六章特别探索了学生是如何合作来影响

> 这个世界的。
>
> **雷切尔（Rachel）**
>
> **我们必须接受成为未来思考者的挑战**
>
> 　　最近几年我在全力研究一个问题，即面向未来的教育路径究竟是什么意思。我扪心自问：为了成为一名更好的未来思考者和面向未来的教育研究者，我该做什么？[①]我意识到：成为一名未来思考者确实是非常困难的，采用未来取向的教育路径并不是一件简单的事——对任何人来说都是如此。但是，我相信思考这些有点困难的挑战具有极其重大的解放意义。当然，深入到未来性思考之中也会对我产生这样的影响。所以你愿意迈开脚步直面未知，提出你迄今不知答案为何的问题吗？你会兴奋地从之前认为"太难了"的概念中掏出一些来重新开始吗？如果你对这些问题的回答是肯定的，那么你就走在了成为一名未来思考者的道路上，而且这本书将会非常适合你。在第七章中我们将会更详细地讨论这个议题。

○ 聚焦未来

　　讲台仍摆在外面，所以再多说几句。我们所持的理智立场是由共同的责任、假设和价值观所组成的。由此共同的立场出发，我们面向未来。我们意识到并不是每个人都同意我们所说的——有时我们内部也会有分歧。但是基于身体力行的原则，关于未来教育的许多观念已经影响了我们对核心素养、应如何开发

---

① 雷切尔（Rachel）在博客中围绕"转化思维"探索了三种类型的问题（www.shiftingthinking.org）。参见 Bolstad（2011），http://www.nzcer.org.nz/research/publications/taking-future-focus-education-what-does-it-mean。

课程等问题的共同认识与行动。

　　教育者经常被告知，教育必须面向未来，必须自我调整以满足不断变化的学习需求，适应日益复杂的世界。但是我们知道由于多种原因，这一点说说容易做起来难。对于某些类型的变革而言，我们更容易看到自己将要改变什么（例如，从"一刀切"的路径中逐渐转变而来），却很难想象我们为什么要改变。人们在谈论变革的需要时，经常会提及"21世纪学习"，但是我们认为它不能被简化为一个精准的方案或一套简单的对策。面向未来的教育并不是矗立在那里等待着我们去发现，并投入到实践之中的。我们认为它是一团不断涌现的新观念、新信念、新知识、新理论和新实践，若能进行整体的理解，则能协助我们找到正确的方向。"新西兰课程"和"新西兰毛利语课程"均是动态、有条件完成的架构，其愿景、价值观和原则为教师和学校领导采纳面向未来的教育路径提供了强大后盾。[1] 但是光靠它们是不够的。

　　我们所做的工作表明至少有两个大的理念是未来导向型教育思维的核心组成部分：其一是转变我们自身看待知识的方式，其二是重新设计教育方法的需要，以使其建立在我们关于学习的认识基础上。[2] 你们可以在其他地方了解到这些理念是如何应用于"新西兰课程"的[3]；我们认为这些理念对当今教育实践背后的许多设想以及社会上许多人关于教育的设想都构成了挑战。如果我们想要推行教育改革，更多的人需要冷静思考这些关于知识和学习的新理念。这种实践指向性的要求（教育的）理念不能过于抽象、充满行业术语，或理论化；不能局限于学术期刊的思考或教育会议上的谈论。它们必须对孩子、家长、教师

---

[1] 参见：http://nzcurriculum.tki.org.nz/content/download/21774/214653/file/ NZC_Update_26_ONLINE.pdf。

[2] 我们在此介绍的观念是非常简短的，更详细的阐述可见于简·吉尔伯特的书《追赶知识的潮流？》（*Catching the Knowledge Wave?*）（2005）。

[3] 参见：http://nzcurriculum.tki.org.nz/content/download/21774/214653/file/NZC_Update_26_ONLINE.pdf。

和很多其他人有实际意义。它们必须与人们惯常认为对学习重要的方面联系起来，同时又须扩展人们对未来学习的整体想象。这些理念又须与我们在自己的影响范围内，在家里、在学校、在社区，在各自的专业领域所采取的行动联系起来。对此，我们同意查尔斯·里德比特（Charles Leadbeater）所言：

在应提供给孩子们何种类型的学习这方面，我们应该要达成共识，如此，家长、儿童和教师才能将其融入到日常学习生活之中去，政策制定者们也才能据此对未来教育体系进行设计。

聚焦未来的课程应该是怎样的，针对这个问题要想达成共识有一定的挑战性，而我们希望通过本书，对这种共识的达成出一份力。我们注意到核心素养是达成这种共识的重要利器。我们的研究显示，核心素养已经被学校广泛接纳，但是我们了解到核心素养意欲作出的改变，很容易被随后而来的其他变化淹没。通过本书，我们希望将核心素养置于舞台的中央，探索其深层的内涵，并思考如何利用核心素养才会使新西兰课程改革"开花结果"。关于课程的新愿景会是怎样的呢？我们认为真正的课程应将学习者置于学习的中心。学习者应紧盯着他们必须学习的重要知识与技能，并明确看到学习的结果在哪些方面会支持他们在未来的探索。

○ 展望未来

余下的每一章都遵循相似但又不完全相同的格式。每一章都会在开始时介绍我们探索的其中一个棘手问题，然后分析每一个和它最匹配的核心素养所包含的具体能力。每一章我们都会从教师合作者的前沿实践领域挑选出大量的案例。你会在各个章节中发现一手和二手的学校案例。我们邀请您思考每一项核心素养背后究竟包含哪些能力，我们应当采取什么样的学习行为来说明其发展，如此，核心素养才能在不同的维度上发挥作用。

随着章节的推进以及对详尽阐述哪些内容的确认，我们不得不直面线性文本所带来的挑战。我们讨论的多种能力可应用于大部分乃至所有棘手问题，但是本书有限的空间又会阻止我们反复折回。或许您会选择用不同于我们的序列呈现——或者在特定的情境下提出不同的观点。我们希望如此，因为那就意味着你和我们一样在挑战自我，进行对未来的思考。

第三章

与不同个体
和多元观点
和谐共处

成为新西兰人：多元贯穿一生

每个新西兰人真的都是幸福大家庭中的一员吗？

请注意你的用语

我们应当包容文化多样性

图 3.1 新闻媒体的标题

⬡ 全球化的世界

和你读书时的班级相比，现在课堂中的学生究竟有何不同？我们不难看到许多地方性的社区正变得越来越多元化。除了因个人的流动而增长的多元性之外，我们所有人都在学习如何应对虚拟流动性。通信技术的迅猛发展，正在拓展人们接触世界上不同个体的途径和机会。和以前所不同的是，我们每个人都更有可能与来自不同社会、文化及语言背景的人一起生活或工作。

全球化是各种棘手问题出现的原因之一。学会如何与不断增加的多样性及其后果共处只是其中一例。[①]但是伴随全球化而来的多样性，也为我们提供了寻找笨拙的解决方案之可能性。要解决这些棘手的问题，必须将不同的观点和理

①收入差距扩大（这是第六章内容的出发点），至少部分是由全球化对不同国家金融系统的冲击所致。这一点是用来阐明我们已经选择了某个"视角"，以便在不同章节中思考不同棘手问题的意义。

念整合起来。这种整合不仅仅是呈现，也不仅意味着对它们的尊重与理解。寻找解决这些棘手问题的方案需要依靠多元的价值观、知识和专业技能，并且以新的整合方式实施。

接纳不同个体和多元观点以解决复杂的世界性难题是具有挑战性的，因为它是价值负载的，它通常需要参与其中的人去适应外部世界或彻底改变自己的世界观，它要求某些团体放弃自己长久以来所形成的优势（正如在第五章和第六章中所描述的）。这些事情不是我们每个人天生就可以做到，或很容易就可以做到的。在缺乏机会，也不知如何实践并发展相关能力的情况下，人们是不会主动去发展这些能力以解决棘手问题的。

○ 与不同个体和多元观点和谐共处所需的能力

与不同个体和多元观点和谐共处十分重要，这一点大家心知肚明。不清楚的乃是这项工作须包括什么，应如何实践。此工作要求我们学会以新的方式生活于世，或如詹姆斯·吉（James Gee）所言，要掌握不同的"话语"。詹姆斯将话语定义为特殊群体（例如某些律师、妇女、家庭、文化群体等等）的行为、互动、评价、思考、信仰、说话、阅读和写作的方式："话语是成为'类似我们这群人'的方式，它是'（群体）生活于世的方式'，是'一种生活方式'，它是立足于社会的某种身份。"①

根据詹姆斯·吉所言，学生在进入学校之前就已经精熟多种话语。这些话语包括家庭和社区群体这类主要话语，以及各类次要话语（如对如何成为一名

---

① 这句话选自《社会语言学与素养：话语中的意识形态》（第三版）（*Sociolinguistics and Literacies: Ideology in Discourses*）这本书（Gee，2007：第3页）。在这本书中，詹姆斯·吉描述了一套语言是如何在社会中发挥作用的理论，并指出了在不同情境下学习语言和读写的技巧。

体操运动员、天主教徒、橄榄球卡片收集者或自行车车主等的认识）。在学校，儿童们可以学习许多新的话语，包括如何成为班集体、学校俱乐部和团队的一员，理解不同学科领域（如科学、数学和英语）。

新西兰课程中是这样描述"使用语言、符号和文本"这项核心素养的："接纳不同的知识表达方式并理解它们的意义"，认识到这些表达方式的使用会如何"影响人们自身的观念"。这个描述与詹姆斯·吉关于话语的界定不谋而合。在2006年的课程草案中[①]，对"使用语言、符号和文本"的描述如下所示，而在"新西兰课程"的最终版本中，下列描述却出现在学习领域的部分：

每个学习领域都有其自身的语言或多套语言。学生在发现使用方法的过程中，会认识到自己有能力以不同的方式思考，接触来自新领域的知识，以新的视角审视自己的世界。

遗憾的是，这样的表述没有最终出现在对"使用语言、符号和文本"的表述中。缺乏这种表述，"使用语言、符号和文本"很容易被简化为读写能力和算数能力——如往常一样，纯粹的商业思维。所以总结一下我们的讨论，学生必须有能力谈论其他人所谈论之事（而不是两人一组的谈论），从而有能力与不同的个体进行交谈。

尽管我们重点讲了"使用语言、符号和文本"的重要性，但对于接纳不同个体和多元观点而言，其他素养也同样重要。许多关于"使用语言、符号和文本"的观念也可在"思维"这个核心素养中找到踪迹。新西兰课程将"思维"

---

① "新西兰课程"的草案出版于2006年，并根据大范围的反馈做了修订。读者可以从新西兰课程的档案版块中浏览这些反馈：http://nzcurriculum.tki.org.nz/Archives。

描述为"积极寻找、使用和创造知识"的能力，以及"凭借个人知识与直觉，提出问题、挑战假设与认识基础"的能力。

不同的话语（例如与不同学习领域相关的话语），不仅包括语言和文本，也包括身份与实践[①]——即人们看待自己以及自我表现的不同方式。这一点在新西兰课程关于"自我管理、参与和贡献、与他人建立良好关系"这个核心素养的描述中有所提及。[②]

与不同个体共处以解决复杂问题的能力要求我们具备社交和情感技能，如移情力——站在他人的立场上。学生需要知道如何倾听、如何与他人交往、如何基于尊重的立场来表达不同观点。新西兰课程将学生描述为能管理自己，使自己成为"有事业心的、足智多谋的、可信赖的，以及有复原力"的人。在新西兰课程的草案中，决策者根据身份将"自我管理"描述为"学生知道他们是谁，从何而来，适合去哪儿"。

上述表述并没有被包含在最终的课程文件中，但其痕迹却得以保留，并且在与不同个体及多元观点和谐共处时是同等重要的。例如，新西兰课程将"与

---

① 成为某个话语共同体的一员意味着人们必须"表现出"或扮演特定的"身份"。詹姆斯·吉指出："人们将无法在符号领域进行深度学习，如果他们不愿意将自己的时间、努力和主动参与的精神完全投入学习之中的话。这种意愿要求他们根据新的身份来进行自我界定，也就是将自己看作是能学习、使用和评价新符号领域的人"（第54页）。莫吉（Moje）（2007）谈到有必要参与到学科领域的"素养实践"之中。据莫吉所言，我们必须从"为了获取或生产信息而远离访问或形成文本，转移到理解文本是如何表征不同话语群体的知识，以及他们是如何知、行和表现自我的"（第103页）。德雷伯（Draper）和塞博特（Seibert）（2010）将学科素养描述为"以适于学科的方式，或被其他学科领域成员（如数学家、历史学家、艺术家等）公认为'正确'及'可行'的方式，进行协商（如阅读、观看、倾听、品尝、闻、评论）、创造（如写作、生产、歌唱、表演、言说）文本的能力。"（第30页）根据莎娜汉（Shanahan）（2012）的描述，"学科素养强调某学科领域的专家从事该学科工作时所用的独特工具"（第8页）。这些关于素养的观点没有将其限定在读和写的层次——而是包含"做"学科的能力，如学习和使用学科话语的能力。

② 新西兰课程将"自我管理"界定为学生"将自己视为有能力的学习者"，即掌握"应对挑战策略"之人；将"参与和贡献"界定为"有能力作为团体一员作出合理贡献"；将"与他人建立良好关系"界定为"有能力在不同情境下发挥不同作用"。（第12页）

他人建立良好关系"界定为：

与不同情境下不同类型的人进行有效互动……主动倾听、认识不同观点、协商及分享观念的能力。与他人建立良好关系的学生……意识到自己的言行会如何影响他人……通过与他人有效共事，他们能生成新的方法、观点和思维方式。

意识到自己的言行会影响他人是认识和管理自我的重要组成部分。有趣的是，上述文句最早出现在 2006 年课程草案的"自我管理"部分。其后在新西兰课程的最终版中，它却出现在"与他人建立良好关系"的描述里。这个变化暗示了这两个核心素养之间的紧密联系。

○ 为培养与多元和谐共处的能力而教

在传统意义上，教育系统并没有提供给学生许多与不同个体和观点和谐共处的机会。学生倾向于被划入属于同一年龄或"能力"的集体内。尽管学生是以集体的方式在教育系统内流动，并且有机会与他人合作，但大多数评价仍只聚焦在个体而不是集体学习上。

教育系统在过去也没有提供给学生许多机会，使他们将不同的观点彼此连接起来。课程被划分为截然不同的学习领域，期盼那些希望在某个学科领域成为专家的学生走专业化之路。学生在过去也很少有机会建构自己的知识体系，而这恰恰是大学所需要的。到了那时候，学生应当已经掌握了那些与所学学科相关的"基础性"知识与行为方式。

学生学习机会的匮乏可部分归因于当代教育系统背后关于心智、知识和学习的假设。这些假设包括：

• 知识是正确的、稳定的、依附于具体学科的，其发展是由专家缓慢推动的，且可以在不同个体之间相互传递；

• 大脑就像容器一样储存和处理知识；

• 对于同一年龄阶段的学生而言，学习（将知识存储于大脑之中的过程）发生的概率大致相同。

这些假设持续存在，尽管它们与我们目前关于人类心智及学习的知识是不一致的，也与目前人类如何思考及运用知识的理解不匹配。[①]

未来导向型学者如今一直在强调，我们能帮助学生发展接纳不同个体及多元观点之能力的途径之一，便是聚焦观点与观点、人与人之间发生了什么，而不是看单个观点或个体是什么。[②] 一些新西兰教师虽身受当代教育系统的限制，却能为自己的学生提供这么做的机会。在表 3.1 中我们列举了这些教师课堂教学中的一些例子。

[①] 简·吉尔伯特（2005）将这些假设描述为心智模式，认为它们已如此顽固地深入到我们的日常思维之中，以至于我们忘记将它们看作是一种模式，反而把它们视为常识。若要进一步了解蕴含在教育系统发展背后关于心智、知识和学习的假设，或心智模式之讨论，请看《追赶知识的潮流？》（Gilbert，2005）这本书第 68-75 页。

[②] 参见：《知识时代的教育：设计教与学的核心模式》一文（Bereiter & Scardamalia，2006），卡尔·贝莱特（Carl Bereiter）和玛琳·斯卡达玛亚（MarLene Scardamalia）认为有必要将知识发展视为集体而非个体的成就。在《追赶知识的潮流？》（Gilbert，2005）这本书中，简·吉尔伯特谈到有必要提供机会，研究人与人之间的空间。在《改变复杂时代的教学》（*Engaging Minds'changing Teaching in Complex Times*）（Davis，Sumara，& Luce-Kapler，2008）这本书中，布伦特·戴维斯（Brett Davis），丹尼斯·苏麻拉（Denis Sumara）和丽贝卡·露丝·卡普拉（Rebecca Luce-Kapler）提倡多种观点碰撞的知识中心课程，而非教师中心或儿童中心课程。

表 3.1 教师课堂教学的例子

案例 1

灰姑娘的父亲应在何种程度上为灰姑娘陷入窘境负责?

第一个故事来源于"终身学习素养"[①]——该项目旨在将核心素养与小学中段的阅读课程整合起来。

一位二、三年级的教师是该项目的参与者,她想要改变学生的观念,使学生不再将阅读理解为揭示作者意义的过程,而能认识到读者也拥有解释的能动性与权利。她想要使学生像文学评论家那样创造意义——利用文本中已有的证据、自己的知识与经验。教师期望创造一个类似读书小组的班级阅读环境,模仿文学评论家处理文本及解释的方式,来实现这个目标。她利用《灰姑娘:一个装饰派艺术风格的爱情故事》这个文本,提出了这个问题:"灰姑娘的父亲对灰姑娘的处境该负多少责任?"她让学生们分析灰姑娘的父亲这个角色——他的外貌、对话、行动和思想,作者向读者呈现了关于他的哪些信息。起初,大多数学生在思考灰姑娘的父亲该如何承担责任这个问题时,都紧紧抓住并强烈地依赖于"理想父亲"这个概念。但是,在学生们更娴熟地分析文本及插图,并将此作为证据来源时,许多不同的观点开始生成了。教师观察到,学生能相对迅速地学习如何辩护并质疑不同的解释,但他们却花费了较多的时间才学会在回应他人的解释时如何调整或改变自己的解释。有些学生在面对"松开某种解释、抓住另一种解释"的不确定性时,存在特别的困难。有一个学生在同学质疑他关于灰姑娘父亲的解释时,感到特别沮

[①] 终身学习素养(Twist & McDowall,2010)项目报告了一群研究者协助 8 位小学中段年级的阅读教师更深入地理解核心素养,并通过整合核心素养的方式重新设计和实施阅读课程。这份报告可见于下列网址:http://www.nzcer.org.nz/research/publications/lifelong-literacy-integration-key-competencies-and-reading。

衷。处于同一小组内的其他学生则跑到老师跟前担心地说："开始吵起来了。"教师对于这种情况的解释是，这场"纷争"是"一场真正良好的对话"，但双方并没有掌握讨论观点所需的自我管理技巧。她看到团体内存在的不同意见，以及其他人的反应，认定各方均需要更多的实践才能学会倾听不同的解释并作出回应。

案例 2

是否应该将怀唐伊日保留为法定节假日？

这个故事来源于近期完成的一项发展性研究项目，即"核心素养和有效教学"①——这个项目的目标是将核心素养与各个学习领域整合起来。

九年级学生的社会课动用了一系列资源来调查关于上述问题的不同观点，并且制作了一个赞成还是反对的示意图。学生随后选择其中一个立场并就支持其立场的论断进行深入探究。然后全班同学对这个问题进行了结构化讨论。教师则以"哲学椅子模式"②建立起这种结构化的讨论。在这个模式中，彼此持反对意见的学生们面对面坐在教室中间，而那些没有明确立场的学生则处在中立区域，即 U 型班集体的末端。

教师将讨论的基本规则写在黑板上："在说话之前请认真思考——组织一下自己的想法；回应别人的观点，但不要针对他 / 她个人；别人在说话的时候要注意倾听——别随意打断；如果你听到有关论辩决定改变自己的看法，

---

① "核心素养和有效教学"这个项目探索了将核心素养与中小学各学习领域进行整合的问题。读者可以在下列网址中找到这个项目所开发的材料：http://keycompetencies.tki.org.nz/Key-competencies-and- effective- pedagogy。

② "哲学椅子"只是其中一种讨论模式。关于这个模式和其他讨论模式的更多信息，参见：www.lawanddemocracy.org/discussionmodels.html。

那么就请移动位置；你说完以后，请等你旁边两位同学发言之后再说。"除了这些基本规则以外，教师还以红色来标注对讨论所作出的积极和消极贡献。

　　讨论开始时大批同学都主张将怀唐伊日保留为法定国假日，只有几个学生表达了反对意见，六位同学宣布中立。随着讨论的推进，持这三个立场的学生都提出了许多有趣的问题和评论，有些学生开始在不同的位置之间移动自己的椅子，以表明自己的立场发生了改变。

案例3

是否应当纪念新西兰人参战的历史？

　　第三个故事取材于一位十年级的社会课老师，这位老师想要使自己的学生意识到国家战争纪念是一个有争议的问题，希望学生发展自己的认识，学会像历史学家那样思考这个事件。上课一开始是让学生去发现主题：每个人都分享和分析有关澳纽军团日的个人及家庭记忆。在这个过程中，教师发现学生们分享的故事大多集中在士兵上。其他人也经历了战争吗？学生们还分析了一张照片，这张照片描述了20世纪70年代的一个澳纽军团日，一位老人与一个年轻的嬉皮士搏斗，而被一位警察隔开了。其他反映澳纽军团日不同观点的故事也在课堂上进行了讨论和辩论。教师提及了自己的担忧，因为这个纪念活动并没有指出新西兰的"殖民化战争"，教师随后简短讲述了19世纪60年代对怀卡托发动的侵略战争。

　　学生花了几个星期认真思考了两个核心的历史问题："为什么新西兰人要参加1914年的战争？"以及"为什么新西兰人如此强烈地反对那些拒服兵役者？"这两个问题要求学生在以历史学的视角确立观点时必须提供相关的证据。教师给学生布置了一项探究任务，他们可以选择新西兰参与的任何一场战争，并调查这种参与的本质。

在该课程的最后，教师将重心由外显的历史分析转移至（内在的）道德分析。学生们必须回答下列问题："我们应如何纪念新西兰人参战的历史事实？"并在国家战争纪念馆（文化和遗产部正在开发）周边设计一个空闲的区域作为专门的纪念场地。他们必须作为市民委员会的成员，就纪念活动应如何开展这个议题展开相互辩论。为帮助学生支持自己的观点，教师向他们提供了一个参考框架，这个框架包含了五种纪念战争的核心方法。学生们最终的设计包括混合的物理模型、谷歌 SketchUps（3D 绘图工具）和建筑风格的绘画，并展示给家长和教师。

案例 4

我们应如何维持尤阿瓦地区的发展？

最后一个故事源自一个因下列机构和群体之间长达数年的深厚关系而创设的项目，它们包括托拉加贝地区学校、奥塔哥大学、Te Aitanga-a-Hauiti（毛利部落的一支，均为郝伊提祖先的后代，译者注）、尤阿瓦托拉加贝社区、艾伦·威尔逊中心以及许多本地社区和科学团体的其他个体及组织。[①]

其中一个源于这些关系的项目旨在确保尤阿瓦河流流域的经济、环境、文化和社会的可持续发展。在该项目的其中一个阶段，一群 11—13 岁的儿童参加了为期三天的毛利人科研活动。学生、教师、tangata whenua（毛利人对自己的称呼，译者注）、一群来自奥塔哥大学的科学家和研究生、艾

---

① 关于此科学研究项目的背景可见于《促进学校和科学团体之间的融合》(Bolstad et al., 2013) 这篇报告。读者可在下列网址中找到这篇报告：http://www.nzcer.org.nz/research/publications/strengthening-engagements-betweenschools-and-science-community。欲了解尤阿瓦河流保护工程的相关信息，请查阅网址 http://www.groundtruth.co.nz/content/sustainable-future-tolaga-bay-uawa，以及 2012 年的出版在《新西兰教育公报》上的一篇文章《以史为鉴，规划未来》，网址为 http://www.edgazette.govt.nz/Articles/Article.aspx?ArticleId=8634。

伦·威尔逊中心共同合作并开展了一个长期的研究项目——保护尤阿瓦河河口。该科研项目是系列项目中的一个，旨在提升青年毛利人在科学中的参与度和贡献值。该科研机构系列项目的内容之一就是为学生提供在本地社区动手实践科学的机会，它主要以合作的方式展开，并重视"毛利族的知识观"（mātauranga）和科学在建设社会的、经济的和环境的可持续未来方面所发挥的重要作用。

该研究项目在第一天下午就安排了"波希里"（Pōwhiri）欢迎仪式，欢迎学生、教师、科学家和其他人参加。后续的活动涉及动物学、植物学、林学和文化绘图学等领域。包括：观察沿河种树、耕种和兴建住宅所带来的影响；为社区绘制本地及其重要部分的地图；通过大型无脊椎动物和鱼的数量来评估河流清洁度；在修复的和未维护的河岸区域进行植物群落样本调查并作出比较；搜集和准备植物标本并保存在学校，使毛利人的知识和其他关于每一种生物的科学知识得以保存和分享。学生参与确定促成本地区内环境和社区可持续发展的多种策略。

建立基于毛利族的方法意味着学生可接触由奥塔哥大学提供的科学知识。奥塔哥大学的科学合作伙伴也有机会接触社区分享的文化知识。该项目的一个重要方面就是科学合作伙伴接纳来自社区的观点和理想，合作伙伴之间建立起开放和信任的关系，各方可相互寻求帮助或合作开发项目。学生的观察则显示科学家和社区的思维、工作方式都发生了改变，从而更有利于共同问题的解决，比如在维持尤阿瓦地区的发展方面：

所有参与该项目的人不仅能自由表达自己的看法，而且也吸收"我们"的思维方式，他们认为……

我们已经将科学带入社区之中，但也融合了我们的文化。我们在发展毛

续表

> 利文化、做事和生活的方式层面，能将它们与科学学习融合起来真是太酷了。
>
> 看起来他们使科学更适于社区，而不是使社区适应科学……它不仅仅关乎科学，对我来说它一直在毛利族的层面，它给予我们新的看待事物的方式。和不同的人交谈，过去有些人只有一种观点，但是现在你会拥有许多截然不同的观点来看待科学、毛利族、欧洲和所有事情。

○ 回到能力上来

在这一部分，我们将通过对核心素养的重点讲解，描述教师如何给学生提供机会，使他们能够与不同个体与多元观点和谐共处。

使用语言、符号、文本和思考

在表 3.1 的所有案例中，教师为学生提供了在特定学科领域学习语言以及思维方式的机会。例如历史教师提供给学生纪念战争的五种基本途径，鼓励学生就新西兰人应如何纪念战争这个问题作出自己的决策。在学生阅读、讨论和撰写纪念文章、图片、历史档案、框架和评注等素材的时候，他为学生提供了使用历史语言的机会；在学生决定应如何纪念新西兰参战的历史事件时，他使学生有机会使用公民的语言。小学阅读教师也做了示范，她创造机会使学生利用文学批评的语言来分析绘本中的印刷文字和插图。

在表 3.1 的一些案例中，教师鼓励学生将不同学科或世界观的语言、思维方式整合起来以解决共同的问题。例如上述科学研究项目使学生和科学家均有机会整合西方科学和毛利族的知识观，以思考社会、经济和环境等各项因素。科学家通过参与"波希里"的欢迎仪式和其他科研活动，从而有机会学习与毛利族知识观相关的语言和思维方式。同样地，学生和当地社区的其他成员也有机会学习与西方科学相关的语言和思维方式，如学习与生物分类、植物和动物的关系、不同绘图形式等相关联的语言。其结果是，使用语言和思考事物的新途径开始涌现。

参与和贡献、与他人建立关系与自我管理

故事中的教师不仅给予学生学习不同学科相关的语言和思维方式的机会，他们也提供了与这些学科相关的自我管理、与他人建立关系、参与和贡献的学习机会。

例如小学阅读教师示范了一个"真正的"阅读者形象。她与自己的学生共同参与到讨论之中，相互交流他们对文本的理解并用文学文本来建立自己的、他人的和世界的意义。

在这些故事中有少数例子提到学生有机会对不同学习领域的自我管理、与他人建立关系、参与和贡献进行比较，并进行实验和调整。无论学生在尤阿瓦故事结束时发表怎样的感言，都已揭示出这些参与到项目中的学生已经开始这么做了。有证据显示由于合作的缘故，科学研究以及存活于世的新途径开始涌现，并更好地服务于解决共同的问题——维持尤阿瓦地区的发展。

到目前为止，我们已经讨论了新西兰课程核心素养在与不同学科或学习领域发生关联时是如何起作用的。核心素养中还需要加入更多个体和情感的要素，才能使我们真正能与不同个体与多元观点和谐共处。这些要素包括倾听和接纳不同观点的能力，表达不同意见或以建设性的方式提出新方法的能力。

有些教师提供了结构化的帮助，使学生能探索不同的观点。在怀唐伊条约的故事中，教师支持学生以安全的、富有成效的方式表达自己的观点并对不同的观点进行回应。哲学椅子模式提供了三个方面的经验：其一，该模式为最初不敢确信自己观点的学生，或者最初没有表达自信的学生，创造了一个安全的空间（中立区域）；其二，它为那些有自己独立看法的学生创造了机会，让他们自己选择是否要分享坚持这种看法的理由；其三，它也提供机会让学生在不失面子的情况下改变自己的看法。其规则不仅有助于创设安全的环境，同时也能让学生清楚地看到如何对一个讨论作出积极和消极的贡献（人们通常假定学生知道这些）。

小学阅读教师为学生提供了发展同理心的不同机会。其中一个机会便是将自己与绘本中的角色进行联系，并理解不同角色之间的关系。另一个机会便是将自己与同伴以及他们基于不同经验所产生的解释联系起来。两类机会都是安全的，原因如下：其一，灰姑娘的世界是一个虚构的世界；其二，学生处在一个受导引和支持的环境之中，这个环境鼓励而不是抵制发表不同意见。学生的反应表明他们早年在学校里是多么缺乏机会来表达和讨论不同的观点，以及处理不同的意见。

尤瓦拉的故事显然提供了机会，使学生发展与他人建立良好关系的能力，因为它专门留出时间让学生致力于这种关系的建设。项目的第一步就提供了了解文化和建立关系的时间，欢迎学生、教师、科学家和其他参与者的到来并促使他们相互交流。只有在建立关系之后，共同合作解决维持尤阿瓦地区发展的问题才得以展开。

○ 知识的地位

重要的是千万别忽视知识在上述四个故事中的地位。在最近一篇关于学科素养的文章中，伊丽莎白·莫吉（Elizabeth Moje）探索了如何帮助那些缺乏必要学科背景知识的学生，去掌握与学科有关的语言、实践和身份认同。莫吉也思考了学生在缺乏与学科相关的语言、实践和身份认同的前提下，如何建构学科知识。[1] 在本章中教师所做的事情与莫吉得出的结论是一致的。他们确保学生学习已经确立的学科知识，借此进行思考和探讨、与他人建立关系，并反思自己的价值观、信念和视角。小学教师向学生提供灰姑娘的文本，以及作者如何建构小说角色的有关信息。社会课和历史老师都向学生提供了从事独立探究的机会，帮助他们发展有关探究议题的个人和集体视角。在"维持尤瓦拉地区发展"的项目中，热情的合作者们提供给科学家和学生们了解本地人以及毛利族知识体系的机会，以维持尤瓦拉地区的发展，项目协调团队也为客人们提供了文化上的支持，科学家则向其他人分享了西方科学知识。

同样需要注意的是，在接纳不同个体及观点来解决问题之前，教师没有坚持让学生调查已有的相关知识。教师在提供建立新知识之机会的同时，也为学生们设立探索已有知识的契机，如果学生需要接触现存的学科知识或在他们有需要的时候。

○ 学习的机会

在这些故事中，学生研究的问题存在不断复杂化的趋势。灰姑娘故事中的二、三年级学生力图就绘本中一个模糊的角色达成共识性的理解，尤瓦拉项目中的学生则探索了各种不同的关系网，以维护尤瓦拉河流和当地的可持续发展。

学生接触人员和观念的多元程度也存在不断提高的趋势。二、三年级的学

---

[1] 参见莫吉 2008 年出版的书——《突显学科在高级素养教学中的地位：变革的期待》(*Foregrounding the Disciplines in Secondary Literacy Teaching and Learning: A Call for Change*)。

生接触了同辈的多元观点、绘本中的各类角色以及作者的观点。在尤瓦拉项目中，学生接触不同的观点（毛利族的知识观和西方科学）与个体（其他学校的学生、不同班级层次的学生，包括热情的长者在内的社区成员、科学家、林木产业工人、地主和住在河渠边的人等）。

虽然这些观点和个体存在差异，但所有的学生都有机会利用这种团队的多元性来建立新的知识（至少对本团队来说是如此），并利用这样的知识来促成知识的进一步发展。①

○ 下一步

所以教育者应如何为学生提供机会来发展与不同个体及观点和谐共处的能力呢？从本章呈现的四个故事，和我们在作为教师和研究者时所遇到的实践故事中，我们可以归纳出八件值得去做的重要事情。

1. 建立一个容纳多元观点的空间。在所有的故事中，教师都为学生提供了思考的空间，让他们可以提出没有绝对正确或错误答案的问题，例如：在什么程度上我们应将灰姑娘的不利处境归咎于她的父亲？新西兰人应如何纪念战争？我们是否应继续保留怀唐伊日为国假日？我们应如何维持尤瓦拉地区在社会、环境和经济上的有序发展？

2. 帮助学生学习已有的知识，并利用它们来解决共同的问题。例如历史科教师告诉了学生 19 世纪 60 年代的怀卡托侵略战争；小学阅读教师将文本特点的知识教授给学生。

---

① 参见 Bereiter（2002）的文章，他描述了知识建设是一个创造概念艺术品的过程，这个艺术品可进一步推动新的知识建设。

3. 支持学生建立知识与能力。 与不同个体和多元观点和谐共处要求学生不仅知道如何以多种方式进行思考、使用语言、参与和贡献、与他人建立关系以及自我管理，还要求学生以整合的方式，以及在真实情景中真正去做这些事情。值得注意的是，教师并没有提供给学生直接的指导或实践练习，帮助他们发展每一项能力；而是提供机会让学生在学徒式的话语共同体，或真实的话语共同体中进行"参与和贡献""与他人建立联系"以及自我管理来应用这些能力。

4. 为学生提供与他人共事的机会。 在所有的例子中，教师都为学生提供了与他人共事的机会。比如历史教师要求学生以团队的方式，来决定新西兰人应如何纪念战争。

5. 确保团队的多样化。 考虑学生们的年龄、技能、知识、兴趣、民族、性别、第一语言、社会阶层以及生活条件。

6. 创造条件使多元观点不断涌现和碰撞。 仅仅拥有一对不同的观点是不够的，必须创造条件让这些观点相互碰撞。在所有故事中，教师都创造了这样的机会。

7. 创造机会进行集体性的知识建构。 通常情况下，都有机会生成团体或集体的（而不仅是个人的）观念。

8. 提供随时修改观点的机会。 在许多例子中，教师都会使学生有机会进行批判性反思、质疑、改变、调整或改进台面上的观点。例如教师要求学习灰姑娘文本的学生利用文字和插图中的证据，以及自己的知识和经验，来质疑、提炼或改变有关父亲角色的集体性阐释。在所有的例子中，教师都曾提供给学生改变自身想法的机会，如果学生有理由这样做的话。有时候需要把这样的机会整合到学习活动之中，例如在社会课上，教师使用的哲学椅子模式就是如此。

是时候继续前进了。在本章中我们首先讨论了全球化，它是造成各种棘手问题的原因之一。然后我们提到若能以富有成效的方式整合不同类型的知识和价值观，那么伴随全球化而来的文化和语言的多样性，使我们有可能寻找到解决这些棘手难题的方案。在下一章中我们会继续思考关于食品安全的问题——一个更加具体和地区性的棘手问题——我们会探索帮助学生发展系统思维的机会。

第四章

成为有批判力、能自我管理的系统思考者

肥胖者威胁着全球食品安全

供食给饥饿的人们

天主教堂关注食品安全

捕捞过度是有害的

全球食品安全

图 4.1　新闻媒体的标题

◇　发人深省的事情

　　饥饿是一个棘手问题——任何关注到这个问题的人都知道全世界有大量人口在忍饥挨饿。当然饥饿的程度有别，遭受战争破坏或严重干旱的地区容易出现极度的饥饿，而在随处可见的城市贫困阶层中会出现不那么明显的饥饿现象，新西兰也是如此。我们中的许多人都致力于缓解他人因饥饿带来的苦难。为了更好地理解这种努力，我们必须首先对食品安全这个概念以及它为什么是一个棘手问题作一些简短的解释。一旦这个问题的范围得到清晰的界定，我们就能更好地思考年轻人应该具备哪些能力，才能合理地应对由缺乏食品安全而带来的挑战。

　　食品安全有两种定义，每一种定义都由正在处理这个问题的新西兰组织所确立。请注意两种定义都传达了一个相同的基本信息，而第二个定义则关注那些可能在事实上已经避开了广大公众监督焦点的行为：

有能力合法地、有规律地获取安全和营养丰富的食物。（明爱会）①

有机会获得营养丰富、安全及个人可接受的食物，而不用担心怎样以及在何处获得，或采取临时的方法，如乞讨、在废弃物中寻找食物，或依赖于如食物银行的紧急协助。（基督城关于健康的简短声明）

我们正好在 2012 年新西兰"社会正义月"（social-Justice month）的时候完成了对最新报道的分析。在这一个月里，新闻媒体报道了许多与食品安全相关的故事，包括我们在图 4.1 中所看到的三大标题。在 2013 年撰写这本书期间，食品安全再一次成为新闻界的焦点，尽管这个时期很少用这样的词来表达。新闻界最热烈讨论的一个具体问题是：如果父母没有或不能在家里供应足够的食物，那么学校是否应为挨饿的儿童提供食物。许多漫画家通过表现家长利用政府的慷慨满足私欲的画面，激发了公众的争论。很快，我们将探究一名中学教师如何利用这样的材料来达到教学的目的。

表 4.1 中简要呈现了三个不同的困境，它们来源于我们在 2012 年"社会正义月"时所收集到的报道，或者与一年以后爆发的"学校中的食物"的争论有关。这些简短的故事呈现了为什么棘手的问题会被称为"棘手"。值得注意的是，被有些人视为问题的信息可能在其他人看来是解决方案。同时，如果我们克服了其中一项困难，那么其他困难也有可能会在不经意间冰消瓦解。

还有一件有趣的事，2012 年我们只收集了部分报道，展现了我们所有人是怎样成为这个问题的一部分的。我们所收集到的报道涉及许多不同的方面，而

---

① 完整的新闻报道可见于下列网址：http://www.scoop.co.nz/stories/PO1209/S00075/fed-upwith-hunger-catholic-church-focuses-on-food-security.htm。

这一方面却始终保持隐秘的状态。我们发现"肥胖者对全球食品安全构成了威胁"是其中一篇接近这个维度的报道，它将那些不会困于饥饿的人视为问题的一部分，但是却不公平地将责任归咎于（或许有点沾沾自喜地）"不是我们"（如果我们不超重的话）的一群人。这里究竟忽略了什么？

当我们购买廉价食物的时候，我们必须批判性地思考一下为什么这种食物如此廉价。在长势喜人的季节里获得大丰收是一回事，但是如果种植和收割这些不合理的廉价食物的人没有得到合理补偿，如果种植这些作物的土地将不可恢复地退化，或者两者皆有，那么就完全是另外一回事了。当我们在这类情况下购买廉价食物，我们便是不知不觉地在别处制造了食品安全问题。①

当肉非常便宜的时候，很可能生产这些肉的动物会深受其苦。在其他国家，牛羊会因在高度密集的环境中长大而受苦，因为在这样的环境中它们更有可能遭受不良对待，并最终危害到人类（例如过度使用抗生素）。新西兰并没有对牛和羊进行这样的集中式饲养，但是猪和鸡却不同，它们成为了廉价的肉类产品。② 其要点是，我们个人的选择并不是中立的，这并不仅仅是我们个人的事。有时它甚至都不是真正的选择，因为有些食物可能是人们能获得的唯一食物。尽管如此，我们的食物选择确实会在别的地方产生影响，而这种影响并不会立即显现出来。

在评论这些关于个人选择（特别是那些无意之中的选择）的同时，我们必须对推动食品在本地、全国和全球进行生产和分配的更大范围的系统、政治、

---

① 有一本书集中探索了许多具体的食品安全问题，《不在标签上：我们餐桌上的食物究竟包括什么东西》(*Not on the Label: What Really goes into the Food on your Plate*)，由英国记者费利西蒂·劳伦斯（Felicity Lawrence）于 2004 年出版。

② 迈克尔·波伦（Michael Pollan）的书《杂食者的困境》(*The Omnivore's Dilemma*)（Pollan，2006）形象地讨论了这个问题。露丝·奥泽基（Ruth Ozeki）的书《食肉之年》(*My Year of Meats*) 提供了非常生动的小说式解释，也值得一读。

相关法规予以同样的关注，才能确保两者之间取得某种平衡。许多选择超出了个人、地方团体甚至主权国家直接控制的范围。除非教育者能帮助我们的年轻学生理解个人的行动与选择是如何不可避免地处于动态的（有时是全球的）系统之中，并与政治相连，否则他们便不能作好充分的准备，在未来成为新西兰的公民以及地球的主人。这便是为什么本章要将焦点放在发展学生系统思考的能力上。

表4.1　三个不同困境

困境 1

学校中的食物：谁的责任？

　　在过去十年，食品价格以高于人们平均收入的速度增长，新西兰的食品安全也出现了更严重的问题。基于 2008—2009 年的成人营养调查，某个研究项目显示只有 35% 的毛利人和 26% 的太平洋岛国裔人群（Pasifika）处于完全的或几乎完全的食品安全之中，而欧洲裔新西兰人和其他参与者的比例则高达 64%。[①]只有极少数人对下列事实提出质疑：许多来上学的儿童是饿着肚子的，而毛利人和太平洋岛国裔人群的儿童是饥饿儿童或营养不良儿童中的大多数，因为它们大多来自收入低微的家庭。人们经常争论，应该对这种现象采取怎样的应对措施。有些人认为这应该是家长的责任，家长应有能力赚钱来获得有营养的食物，即便这一点有困难。持这种观点的部分人将不负责任的家长视为问题的来源（如家长优先将钱用在其他事务上）。那些提倡在学校里供应孩子食物的人则认为若要保障孩子们的学习，就必须提供食物给这些饥饿的孩子们。而家长的处境则不应被视为是一种过错。许多持

---

① 这些数据来源于奥塔哥大学海利·史蒂文森（Hayley Stevenson）的硕士论文，参见 http://otago. ourarchive.ac.nz/handle/10523/2274。

这个观点的人将贫穷视为根本原因，而不是家长的不负责任。从更大范围的角度来看，那些反对在学校里提供食物的人会说政府没有义务喂养这些小孩，它只会使孩子的家长更加不负责任，或依赖于外部的救济品，或两者皆而有之。许多支持学校提供食物的人则表示反对，他们认为被喂养的孩子会更加健康，学得更好，更不易在老年的时候消耗政府的（保障）资金。也有许多人持中间立场。

困境 2

食品生产的生态影响

许多在贫穷国家的人依赖于野生鱼类来获取蛋白质、养家糊口，或两者皆有。如果政府禁止他们捕鱼，那么这些人就会陷入饥饿状态或遭受严重的营养不良症。但是，当地的渔业资源缺乏可持续的管理，并且在不断萎缩，因此许多人认为这种禁令是必须执行的。（若鱼消失了，那么人们到头来还是会挨饿。）世界野生动物基金会（The world wildlife Fund，WWF）提出了不同的解决方案。如果能支援贫困的捕鱼者开发出一套整体的生态系统——采取科学的措施可持续地管理他们的渔场，那么当地的生活经济就会发展得更好。对 WWF 而言，真正的问题是贫穷国家（并不通常是捕鱼业联合经营的国家）大规模的渔场运作经常违背配额规定并（肆意）剥削工人。试图阻止这种活动的责任容易落在发生问题的贫穷国家身上——他们无法支付足够的资金来采取反制措施。WWF 提到要解决这个问题，必须依赖国际合作，以控制非法和无管制的捕捞活动。从另一个角度来说，富裕国家对中等价位鱼类的需求，使得这一项大型的经营活动有利可图。有些全球食品安全的评论家认为身处富裕国家的我们需要为这些食物支付更现实的价格。当然这也会给那些贫穷的新西兰人带来挑战，正如困境一中所指出的。

续表

困境 3

受困于"食物沙漠"之中

营养不足可能是富裕社会的食品安全问题中相对不太明显的一个方面。人们并不一定因饥饿而缺乏食品安全，（因为他们意识到）持续的营养不良会对学生的终身健康和学习结果产生影响。其中一个真正的挑战是快餐食品被大量地供应给贫穷的社区。（因为）超市或其他类型的食物零售店通常不在这些贫穷的社区中。那些只有快餐食品可供应的地区被称为"食物沙漠"。[①]

生活在食物沙漠地带的人很难买到新鲜的食物，如果他们无法支付私人交通费去那些售卖其他食物的零售店的话。快餐食品能够快速缓解饥饿状态，因为它富含脂肪，量又比较大，并且一旦有需要就可以很快拿到。但是它之所以廉价是有原因的，如果想要正常饮食，它就不是一个健康的选择。所以生活在食物沙漠中使得食品安全问题中营养缺乏的一面持续下去。

表 4.1 中呈现的三个困境描述了类似食品安全这样的棘手问题在本质上是多么具有争议性。从历史角度来看，学校课程已经避谈这种类型的议题，而偏好于传授那些更加确定的、几乎所有人都同意的知识。[②] 在本书中我们的目标——我们希望这也是你的目标——是寻找到更积极主动和深思熟虑的方式，以教育我们的年轻人，使他们更好地适应未来。其中一个清晰的启示是我们已不能回

[①] 来自奥塔哥的另一名研究者卡利·沃德汉姆（Carly Woodham）也指出处于低社会经济状况的地区可能会更容易被视为"食物沼泽"，即这些地区可能存在很多食物，但是这些食物并不健康。参见 http://otago.ourarchive.ac.nz/handle/10523/1655.

[②] 这个观点在迈克尔·阿普尔（Michael Apple）的经典著作《意识形态与课程》（*Ideology and Curriculum*）（2004）里有详细阐述。虽然这本书的写作语境是美国式的，但是阿普尔的观点却适用于所有对年轻人推行公立教育的国家。

避这些问题，因为对教师来说这些问题已不再那么安全了。所以我们能找到向前发展的新方法吗？正如我们之前所解释的，发展系统思维就是其中一项积极主动的策略，我们可借此推动所教课程的深度变革，并消除由这种变革带来的不可避免的紧张局面。

系统思维："思维"的一个具体维度

本章仅仅将系统思维视为整个核心素养"思维"的多个维度之一。一方面，系统思维很容易理解。我们能很轻松地将它描绘为一种联合性思维，当学习者在不同观点和事件之间建立起可能隐藏在经验背后的联系时，这种思维就会产生。困境二（表 4.1）中所描述的生态与经济的关系，就是一种横跨多个知识领域及经验的关系。我们很容易描绘这种思维本质的联合性，但要描述跨越学科课程界限建立起的联系却并非那么容易。

践行系统思维促使我们每个人都去思考不同偶然事件的影响。客观世界中的系统是动态的，并经常无法预测。一个事件可以决定接下来要发生的事，并会催动一系列变化。一个不同的原初事件或不同的环境，也可能会激发同一个系统内截然不同的变化。正如我们在第三章中所看到的，社会系统也会以许多不同的方式表现自身。对情境的不同理解可能会激发出不同的反应，如果人们对发生了什么、为什么会发生有不同认识的话。我们将这种思维称为"视情况而定"的思维。下面这个例子描述了一个简单的评价任务中"视情况而定"的思维。

"视情况而定"的思维

新西兰教育研究委员会的科学教育团队在分析"评价资源银行"（Assessment

Resource Bank，ARB）项目时，提出了这个"视情况而定"的思维。[①]教师要求九到十年级的学生对一张简单的食物网（这个网络描述了一个花园里喂养者与被喂养者之间的交互作用）中的假定变化作出反应。图4.2显示了教师给学生提供的示意图。

学生需要回答的其中一个问题是，如果园丁利用杀虫剂杀死了所有蚜虫和粉虱，那么其他三种动物会发生什么变化。许多学生提出了一个肯定的结果，例如"蜘蛛会饿死"。研究者根据食物网中的连接点将这些回答标注为正确或不正确。学生们最终得出了一些结论，其中一个如下：

蜘蛛——将没有蚜虫或粉虱可以吃，所以它们要么死掉，要么就会大量捕食黄蜂。黄蜂——可能会因没有被蜘蛛吃掉而活下来（因为蜘蛛因缺乏蚜虫或粉虱而死亡），也可能会被大量吃掉。

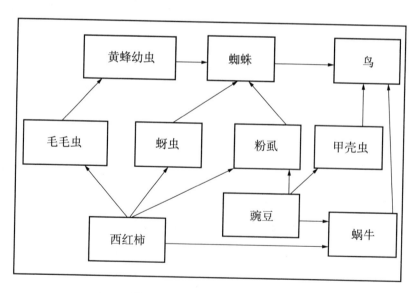

图4.2 一张典型的简单食物网

---

① 这个项目以及教师的笔记都可以在ARB网站上获得：http://arb.nzcer.org.nz/resources/science/living/2000 /lw2000.htm，这个项目被称为"花园食物网"，其编号是LW 2000。

这类反应确实对研究者构成了挑战，因为它要求研究者再次思考自己所作出的判断。作出类似反应的学生都来自同一所学校。他们对食物网的运作机理作了微妙与动态化的理解，而其他大多数学生都只是给出正确或错误的回答。"视情况而定"的思维描述了这种微妙的反应。研究者对其他人所有的反应进行了重新编码，想看看其他学校的学生是否对系统的运作机制也有同样的认识。但是没有一个学生有这种洞察力——然而如果他们没有意识到这种可能性，他们又是怎么做到的呢？对问题进行简单的正确或错误的判断性回答，在何种程度上会遮蔽和阻碍人们对世界如何真正运作这个问题，进行更有洞察力的批判性思考的？

就"思维"作为一项核心素养而言，复杂系统思维又增加了另一层动态性。复杂系统可以通过自我调整来吸收变革，它们能吸收多种变革，而不受任何影响。变革是在复杂系统内最终发生的，它不是线性的，也无法被完全预测。它是生成性、突发性的。例如，你能以很大的力气去推自己的身体，或忽略其较小的健康问题，而一段时间之后什么事也没发生。然后突然一件很小的事情会酿成巨大的危机。这种情况之所以会发生，乃是因为复杂系统内各部分会交互作用，它们不一定只做一件事，或在每种情境下都以同样的方式作出回应。[①]

一个复杂系统会镶嵌在另一个复杂系统之中并相互作用，然后生成动态的结果。（例如，人体内的细胞是一个微小的复杂系统，每一个这样的系统都有助于一个器官、一个器官系统，以及我们称之为身体的整个复杂系统的所有活动有序进行。）显而易见的是（即便是从这段非常简要的介绍来看），帮助学生理解和践行系统思维会包含多个层次的复杂性。

---

① 复杂系统还有一些其他特征，这些特征超出了本章所描述的范围。弗里乔夫·卡普拉（Fritjof Capra）《隐藏的联系》（*The Hidden Connections*）一书对复杂系统进行了很好的介绍，并特别关注大脑是如何学习的（Capra，2002）。

如果我们认真思考在本世纪教育学生时所面临的挑战，我们就必须发展他们的系统思维能力——以及由此带来的所有要求。循着系统思维的召唤，我们将在本章的下一部分继续探索前进中需要的能力。

○ 各类核心素养是如何支持系统思维的？

在这一部分，我们将解构食品安全的情境。我们的目标是通过分析这个棘手问题，确定一系列浮现出来的学习挑战。关于系统思维我们仍有许多要学习的内容，而学生实践这种思维的次数越多则会发展得越好。正如我们在第一章中引入个人核心素养时所指出的，所有核心素养都处于活跃状态，并且相互交织在一起。现在是时候将一系列别的能力——基于情境的核心素养加载到系统思考的矩阵中来。如果学生要发展这些倾向性来思考、关心所处世界中的系统议题时，我们就必须支持学生，使他们作好准备、有意愿、有能力做更多的事情，而不仅仅是思考事物与事件之间的关系——这一点或许也同样重要。

即便开始去理解"确保每个人都有足够的食物"这个挑战，也需要批判性思考和创造性思考的联合发力。在探问食品增长和分配系统的"相互关联"，以及他们与经济和法律体系的关系时，就需要批判性思考。因为这种将各系统联合起来的关系是隐藏在每天的所见所闻背后，所以也需要我们进行一种具体的创造性思考。但这并不是进行异想天开式的创造，而是对那些超出我们经验的可能事物进行更有根据的想象。所以，批判和创造性思维提供了同一枚硬币的两面。对于系统思考来说，它们都是必需的。

但是想象性知识并不仅仅关乎思维（如认知）的知识部分。它还具有重要的情感和美学维度。例如学校教育的斯坦纳哲学强调感觉在刺激和支持想象的行为方面具有重要作用。在建立儿童的地理想象时（例如他们可能会对在偏远地区生产食品的条件获得一种感受），斯坦纳教师会鼓励儿童探索不同类型的视觉材料，并在小学阶段发展"融合想象的思维"，从而为后续的理性独立思考奠定重要的基础。①

表 4.1 的三个困境显示出，没有一种方案是解决食品安全问题的唯一正确的方案。这取决于不同人在解决食品安全问题时所怀有的价值观、假设和具体兴趣。简单的"视情况而定"的思维能为此后更抽象的系统思考奠定良好的基础，但也会为自身带来挑战。在第三章的"终身素养项目"（表 3.1）中，那些认为自己是第一个知道"正确"答案的孩子被更加开放的素养对话冲击。"视情况而定"的思维可能会给那些习惯于寻找正确答案的孩子提出意向性的挑战，因为这种思维不要求有那种掌握正确答案的确定性安全感。这便引出了"管理自我"这个核心素养的一个重要方面。成为更有能力的系统思考者要求学习者发展复原力，来对不同的可能性和不确定性作出积极的回应。只有在班级、学校或社区既吸纳那些完全没有食品安全问题的学生，也吸纳那些存在食品安全问题的学生时，这一点才会实现。

学习者的情感也会以更多的途径显现出来。那些没有食品安全之忧的学生可能会意识到他们原本只需要一份经由公平分配的食物就可以了，而现在却在获取（和浪费）比这更多的食物。在这种情况下，"管理自我"的另一个维度也应该得到发展。这便是暂时不作判断的能力，也就是在面对别人对我的生活方式进行批判时，不直接以消极的方式作出回应。如果学生在学校里没有学会这一点，那么成年后他们就会在创造和维系棘手问题的过程中，对自己所扮演的角色不闻不问，或为自己的所作所为找借口，并因而不愿意考虑自己作为公民

---

① 这个观点来自菲利普·莱特（Philip Wright）的一篇文章，它讨论了斯坦纳·华德福（Steiner-Waldorf）教育模式背后的发展哲学，并特别关注地理学知识在不同的学校教育阶段是如何发展的（wright，2013）。

的责任及寻找可能的应对之策。

我们可将这种态度视为"思想开放的",但这不是要去遮蔽反应、思考和行动所需的情感与非常个人化的要素。如果学生们有意向对解决棘手问题自愿作出回应,却在任何一个全球资源的重新分配方案中都处于劣势,那么"管理自我"的这个维度就需要大量示范、实践和积极反馈。他们也需要看到成人严肃对待自己的再分配责任。正如每个教师所知道的,年轻人需要对"伪善"和双重标准有强烈的敏感性。

我们已经注意到"与他人建立关系"有多个维度,其中一个便是同理心——想象自己处在他人立场上的能力。在将食品安全看作是一个本国以及全球面临的棘手问题时,"与他人建立关系"的这个维度便成为鲜明的焦点。没有食品安全之忧的学生会更容易处于学习的状态之中,因为有存在食品安全问题的学生相伴耳侧。即便不在同一所学校,也应处在同一个社区,住的不要太远。但这里也会存在一个挑战,即学生可能会在不作判断的情况下,从他人的角度来看问题。

关于易腐烂食物的销售法规可能导致了巨大的浪费。"食品救援"机构,如威灵顿的凯波什(Kaibosh),从零售商那里收集未售出但仍然可以吃的食物(例如,一天未吃的面包),并分配给最需要它们的人。他们在它们的官网上列出志愿者需要具备哪些价值观才能从事这项工作:勇敢、同情、聪明、坦率和独立。[①] 在超越个人优势和兴趣进行"思考"时,这似乎是核心素养"管理自我"和"与他人建立关系"的几个非常重要的维度。

另一项挑战则是发展这样一种能力,即意识到个人所作的选择会对他人产生不可见的影响——并对此表示关心。这包括培养关注、关心个人选择之直接

---

① 可在官网上了解更多他们所做的工作,http://www.kaibosh.org.nz/。

和间接后果（无论是现在还是将来）的倾向性。这在我们搜集的有关食品安全的文章中体现出来，例证包括：

- 如果有机会，选择可持续生长的食物；
- 选择以伦理的立场遵守食品采集法规（而不是由于害怕被抓住而遵守）；
- 采取积极的生物安全措施，帮助降低粮食作物的生态风险；
- 以道德的方式持股、作出金融行为和选择。

这样的选择可能会比其他已有的方法耗费更多的成本，而后者通常更容易实现，也更能对默认的选择产生直接的效益。因为它是直接的选择和行动，"参与和贡献"的能力也就包含在其中了。

◇ 为发展系统思维而教

在学校教育早期，教师可以帮助儿童建立一个丰富的"经验库"，从而为系统思维奠定良好的基础。[1] 除了通过与其他更有学识的人谈话，来塑造和扩展自己的经验以外，儿童们做什么也同样重要。在食品安全这个情景中，经验可包括探索下列问题：食品来自哪里（本地以及世界其他地区）；食品是如何生产的，会对环境产生何等影响；它是怎样送达批发商、食品销售商，然后到达我们这边的；我们该怎么做才能让食物既好吃又安全；它是怎样让我们保持健康的。最终，如果学生想要真正意识到喂饱所有人是一个系统性问题，我们就必须将所有信息相互关联起来。

有些有趣的项目专门用来帮助儿童参与到本地食物种植、个人健康以及地

---

[1] 科学教育者艾利·布尔（Ally Bull）的工作报告讲述了儿童的"经验库"应包括什么，可以在 NZCER 网站上找到这篇报告：http://www.nzcer.org.nz/research/publications/library-experiences。

球健康的思考之中。请看下面两个例子：

- 将花园带到餐桌上（http://www.gardentotable.org.nz）是一个信托基金项目[1]，他们和学校合作，旨在帮助儿童体验种植、收割、准备、烹饪和品尝不同食物之间的关系。活动需聚焦实践性的动手操作，以确保学生知道该用新鲜食物做什么，而不是使他们依赖于那些已准备好的产品。一旦食物准备好后就立刻一起吃掉，这是学生整个社会和情感体验的重要组成部分。该项目培养了孩子们烹饪和食用一系列健康食品的习惯。

- 环保学校（http://www.enviroschools.org.nz）则是活跃在新西兰学校之中的另一个信托基金。项目也旨在支持学校设计和开发可持续的活动，而食物种植是众多可能性中的一种。儿童通常会与社区志愿者合作，以实施他们的活动设计方案。其目标是使儿童更明确地意识到个人的日常行为会对环境产生影响，并尝试以更可持续的方式生活在我们共同的星球上。

"下一个挑战"则是将这些本土的、直接的经验延伸至其他情境之中，以激发儿童的地理想象。其中一个显示此种可能性的案例来自芬兰南部的乔奇昆达小学。这所学校的儿童和厄瓜多尔一所学校的孩子组成团队，相互就不同国家进行园艺和食物种植的经验进行交流。为消除语言障碍，儿童使用制图、拍照和绘画来相互交流。其中一位芬兰教师注意到，当孩子们彼此交流经验时，这个"遥远的"厄瓜多尔国家开始变得真实了。[2] 有趣的是，策划者有意将这些活动设定为下列项目的一部分，即探索在相互联系的世界里成为一名全球公民应具备哪些素养。

因为我们已经在总体上知道如何发展儿童的能力，所以另一个可以预测的

---

[1] 该信托基金旨在与当地社区中的成人以及学校里的学生一起合作。

[2] 若要对此案例作更多了解，并寻找其他相似的芬兰案例，参见 http://www.oph.fi/download/ 139354_ Schools_reaching_out_to_a_global_world.pdf。

挑战，则是认识到建立这种内在关联的学术视角，是考查本章早期所描述的能力意向性的必要条件（但非充分条件）。表4.2中显示的两个案例则展现了教师在帮助学生发展必要的知识和技能以对"思考"全球事件的联合性之时，又是如何制造丰富的学习机会，来应对这种意向性的挑战的。

　　第一个案例来自十二年级的一堂经济课，这堂课以食品安全为其关注的具体议题。此前教师已在数年时间里对大多数来自富裕学校的不同学习者讲述了关于食品安全的知识。她的大部分学生都能享用到足够的食物。如果他们也体验过食品安全的问题，那么就只可能与"营养过剩"有关（本章开篇就引用了一个定义）。第二个案例则来自11—14年级学生的一堂工作课。其资源是"镜头"科学，这是奥克兰大学里金斯研究所的一个教育延伸项目。

表4.2　案例呈现

案例1

在食品安全情境下激发批判性思考

　　该课有一个经过深思熟虑的启发性开端。学生需对下列陈述作出回应，即"新西兰：一个抚养小孩的绝佳之地，对不对？"这个激烈的讨论为教师开辟了一个空间，以强调家庭在处理失业及工资低但生活成本高的问题时饥饿所处的位置。如此，那些开始上课时对食品安全这个概念毫无意识的学生，能先有一定的认识。

　　为进一步激发学生的批判性思维，教师开展了一系列活动，如涂鸦墙，要求学生再次回应一些启发性的陈述，如"要是他们不能继续养孩子的话"。一旦学生的观点和反对意见都被摆在台面上，那么基于证据的资源就可用来检证那些违背现实的假设。（例如，人口数据显示出生率在毛利族和太平洋岛国族中只有极微小的增长，而这些族群总是在低工资和失业群体中有过多的代表）。有时教师也会使用以食品安全为主题的漫画来激发学生的讨论，但是她发现自己的学生经常需要足够的支援才能读懂这些漫画的微言大义。①

接下来学生需调查如果人们没法买到足够的食物来供养小孩时会发生什么事。所争论的话题包括各种增加生活总开支的因素，因无节制的活动（如高利贷）而使绝望的家庭置于更加穷困的境地；许多人不再自己种植基本作物的原因；零售商因严格遵守食品法规而造成的浪费等。通过一系列更加结构化的活动和开放的辩论，教师希望学生能进一步理解诸多与贫困有关的灰色地带。

最后，作为一项评估练习，学生需要写一篇真实的报告对日报主编作出回应。教师选择最近的一个范例来表达学生在上课之初可能会坚持的观点。其后他们还撰写了一篇反驳性的文章，发表在同一份报纸上。

案例2

真正关心健康饮食

来自里金斯研究所的科学家们对非传染性疾病（如糖尿病和心脏病）进行了研究。众所周知，这些疾病与我们长期吃的食物种类有关。最近，科学家已有足够的证据显示母亲在怀孕之前和怀孕期间的饮食会对未出生的宝宝健康产生影响。更有甚者，这些影响可以贯穿整个童年，直至成年期和老年期。我们的健康前景早在我们出生之前就由母亲吃什么而决定了。

里金斯研究所的教育者将这项重要的工作设计为一系列面向青少年的课程。教师可根据本地情形进行必要调整，在学习的过程中，学生将：

---

① 从特殊的交流形式，如讽刺性漫画中生成意义是"使用语言、符号和文本"素养的重要方面。

> ·探究何谓非传染性疾病，产生这种疾病的风险因素是什么；
>
> ·借助里金斯研究项目的真实数据（经合理调整而使学生有机会获取），寻找支持科学结论的证据；
>
> ·通过故事或者讨论会，与科学家交流，向他们提出自己的问题；
>
> ·随着教学单元的展开形成自己的问题，并对这些问题进行独立调查；
>
> ·面对具体的听众，进行演讲或展示自己的所学所得。
>
> "镜头"教育者发现许多学校的学生确实注意到婴儿（的健康）会受母亲孕期饮食的影响，并且这种影响极其深远。这项研究也使他们开始注意自己的饮食选择，而那些有更多健康饮食知识的课程却达不到这样明显的效果。（没有人会对那些不想听的讲座式建议感兴趣。）此时研究者有证据表明那些参与本课程的学生改变了自己的饮食行为，在家里讨论他们的所学所得，在某些情况下成功地影响到家庭成员的食品购买习惯，并使他们作出更健康的选择。
>
> 除了聚焦于作出更好的差别化选择外，本工作单元还蕴含显著的系统思维要素。在本案例中，看上去不相关的事件最后连接起来，共同显示出健康饮食对我们自己以及下一代的深远影响。

○ 教师创造素养发展的机会

本章所述故事注意到有能力的教育者代表学习者作出选择是非常重要的。事实上学生必须是积极的参与者，才能使其素养得到延伸和扩展。但是教师和其他成人指导学生获得丰富的学习经验——并且支持他们——也极其关键。

课程选择的重要性。 教师通常会让学生自主选择学习主题以激励他们参与。

但在本章所列举的任何一个案例中却不是如此。在这些案例中，教师依靠自己深厚的课程知识塑造学习经验，激发学生的好奇心和情感的投入，从而使学生参与到学习之中。每一个案例都设有短期和长远的学习目标。有计划的学习对当下和未来都非常重要。

教学的重要性。教师愿意走出舒适区，正如他们计划引导学生走出自己的舒适区一样。他们必须借助自身深厚的课程知识，但不是去构建和传递正确的答案。相反，他们利用专业知识激发和延伸学生的思考（也包括他们自己），使他们面对和探索更多的疑难与问题。

测量和评价的重要性。很显然，素养发展的证据不大可能来源于传统的纸笔记忆任务，尽管这一点在本章（以及本书）中只作了最简短的讨论。这不是说形式化的写作任务是完全无关的，而是说学生无法在这些任务所应用的领域寻找到唯一正确的答案。就系统性的议题而言，不可能只有唯一正确的答案。我们需要批判性的评价思维，以寻找适当的方法来记录学生的行为反应，看他们是否日渐意识到并理解系统在全球是如何运作的，以及意识到自身选择和行动存在的可能性、局限性。有一位理论家曾说我们需要问的最重要的评价问题是"知道……有什么意义？"[1]（这里的）每一个故事都强调教师希望学生能从自己的新知中获取意义，而学生的具体探索可作为创造新意义的证据。

○ 能力镶嵌在素养概念之中

本章重点讨论了系统思维作为一种特殊的"思维"能力，是未来导向的学

---

[1] 这个问题源自《评价即探究》，它是吉内特·德兰兹尔（Ginette Delandshere）所写的一篇会议文章，其中谈到了我们有必要重新思考评价的模式及背后的假设（Delandshere，2002）。

习者所必须掌握的。在这个过程中，与其他核心素养相关的其他能力也映入我们眼帘。我们在表4.3中对此作了总结。

正如我们在前一章中所说的，对四类核心素养中的能力进行区分在某种程度上是武断的。在真实情境中解决实际问题时，这些核心素养是相互重叠与融合的。其中一个范例，"学会管理不确定性，了解没有所谓'正确'答案的情形"可以同样置于"思维"的框架之下，因为它是发展系统思维的重要组成部分。

表4.3　系统思维能力

核心素养	相关的能力
思　维	• "视情况而定"的思维；超越直接事件和联系的思维；创造性思维；批判性思维。 • 思想开放；批判式反省。
建立与他人的关系	• 同理心；非评判性地认识他人的处境。
自我管理	• 批判性地检视自己的行动及自身选择的影响。 • 意识到个人价值观会影响自己的思维与选择。 • 学会管理不确定性，了解没有所谓"正确"答案的情形。
参与和贡献	• 作出思考后的选择；采取行动以解决指定问题。

从这些例子中我们看到为发展各种相互融合的能力，教师可能应做到：

• 联合看上去不相关的事物或事件，鼓励思考那些不太明显的联系（不同事件、不同空间、不同时间或综合所有要素）；

• 探索系统的部分与整体，以及两者之间的动态联系；

• 了解学生的情感，而不仅仅是他们的理性思考；

• 显现学生的价值观和假设，探索他们为什么这么思考和行动；

• 探索不同观点背后的证据，而不是根据其表面价值接受它们；

• 寻找潜在的不同选择与解决方案，强调不存在唯一正确的答案或解决方法，强调不同的行为路线会对不同团体产生不同的影响。

复杂的系统挑战给我们带来了很多问题，不仅仅是使学生意识到信息有这么多不同的来源、以这么多不同组合的方式呈现，并且在没有任何强加的权威时，他们到底该信任谁。这种挑战本身就是棘手的问题，而且在棘手问题成为探究的对象时，它就会变得更加难以解决！下一章我们将详细讨论这种挑战。

第五章

在知识主张冲突时
学会信任何人？

二氧化碳水平往不确定的方向发展

抗旱计划"未事先考虑气候变化"

质疑气候变化者

反对将批评视为"仇恨性言论"

气候危机酝酿出咖啡

图 5.1 新媒体标题

○ 聚焦意义创造

本章将以气候变化这个棘手问题为出发点。这里我们主要讨论的核心素养是"思维"和"使用语言、符号和文本"。我们将讨论那些聚焦意义创造及学科本质的学习性挑战。

学科本质通常被称为素养——例如，科学素养、媒介素养，或统计学素养，而要应对这些与学科素养有关的学习性挑战，就需要主体具备一系列的能力。我们将要说明的是，为什么学生需要学会像专家一样谈论相关的学科领域（或使用学科相关的话语）以及如何谈论。在此过程中，我们需要深入探索某些与知识论相关的领域。没有一个人（作者们）曾在自己最初的高等教育阶段，将关注点特别聚集于学科领域本身的哲学观上，我们设想有些读者可能也是这样。

这种陌生感可能会使某些观念在开始时就很难理解。跟随我们的脚步，我们希望到了本章结尾，一切都会水落石出。

气候变化这个棘手问题相对来说容易界定，但是我们应当做的事情却不会这么直接。科学家认为空气的构造在不断变化，并使地球日趋变暖。这已经对如下各方面造成了潜在的灾难性后果：不同的生态系统；粮食作物的种植；低洼的地区（当温度升高时水会膨胀）；容易受恶劣天气影响的地方（温暖的空气会包含更多的能量，产生更猛烈的暴风雨）；淡水的可获得性（天气模式的变化会导致干旱）等等。很显然所有这些问题都是系统性问题。它们可能会以多种不同的方式相互交织在一起。所有问题都可能触发其他问题，这不难想象。例如，如果某些超大城市缺乏食物或饮用水供应，或遭遇洪灾而变得无法居住时，所有人将去往何方？ ①

并不是所有人都认为这个问题确实存在，并会在未来产生连锁反应。研究气候变化的科学家们提到其证据是令人信服的，人类已经对大气层造成了某些影响，这些影响正导致全球变暖。他们指出我们迫切需要对自己的生活方式作出改变，以尽可能快地减少这些损害。与此相对的是，某些评论家和游说者力图使政府和市民相信，气候变化只是一个自然发生的现象，并不是由我们人类的活动所造成的，因此我们不必去做任何事情，也不需要有任何担忧。还有一些人矢口否认全球变暖现象的存在。

以这些围绕气候变化的争论为背景，本章旨在探索学生需要发展哪些能力，才能使这些有争议的知识主张产生意义。学生该相信谁？就此而言，哪些成人

---

① 新西兰首席科学家最近公布了一份报告，这份报告探索了新西兰可能会遭遇的各种变化，并指出我们该对自己的生活方式作出怎样的改变，才能适应新的环境。参见 http://www.pmcsa.org.nz/wp-content/uploads/New-Zealands-Changing-Climate-and-Oceans-report.pdf（总理科学顾问委员会办公室，2013）。

可信？在读书期间，教师能帮助学生学会辨别哪些人可信以及为什么这些人可信吗？我们在思考这类挑战时需要考虑许多不同维度的问题。例如，学习知识时的心智模型并没有对我们产生有用的价值（见第三章）。其背后的假设是，知识是正确的、稳定的、依赖具体学科的、由专家缓慢发展而来的，并且偏好传统的教学模式。这种心智模型在我们所经历的教育中是如此熟悉，以至于我们在进行有意识的思考时完全看不到它。而这种不可见的模型可反作用于我们，使我们自己无法确切意识到它的存在。

让我们举一个具体的例子来说明，当滥用我们自己所信任的"专家型"知识时，究竟会发生什么事。表 5.1 简要总结了气候变化怀疑论者（其中有一些人也是科学家）质疑科学家主张的主要方式。其策略显示出"将知识视为正确及稳定之物"的心智模型正以多种不同的方式得到应用，并成功地干扰了公众关于全球变化的知识主张。这些策略之所以能发挥这样的效果，其中一个原因在于即便是那些认为人类应当关注气候变化的科学家也不能确切地说明未来会发生什么——如果对风险评估给予足够的关注，并且假设总有一些领域需要更多知识的介入，那么在可能性的天平上，只有他们想到的那些事件才最有可能发生。

在这般复杂情形之下，教师该如何帮助学生对这些知识主张进行批判性的思考呢？有一位关于批判思考的专家最近提出，学生需要学会玩学习的"隐性游戏"。[1] 学生需要学会批判性地思考知识从哪里来，是谁授予它们的权威性，而不是去掌握那些打包好的知识的表面价值。我们将在本章考察教师该怎么做到这一点。

在第四章中，我们看到当人们将截然不同的价值观和假设带入棘手问题的

---

[1] 大卫·铂金斯（David Perkins）是哈佛大学的专家，致力于发展儿童的思考能力。在其出版的书籍《让学习具有整体性》（*Making Learning Whole*）中，他回顾了许多研究项目，从中提炼出一个隐喻即"整体学习"，用以教会孩子们掌握生活中真实知识建构的"初级版本"。

社会维度时，一个人的解决方案可能会成为另一个人的问题。在气候发生变化时，可能会出现赢家和输家，这并不奇怪。气候变化否认者们会使用一项众人皆知的策略，就是精挑细选出关于气候变化的某些便捷的方面（见表5.1）。正如我们已经看到的，学生需要学会往后退一步，审视同一个议题背后的多重维度；教师需要认识到可能不存在唯一正确的答案。本章将借助关于知识（knowledge）和知道（knowing）的某些新观念，来整合不同类型的能力。但是首先我们需要将一个真正重大的挑战摆到台面上，并且充分意识到它的复杂性和潜在陷阱。

表5.1　关于气候变化的相关资料

> ### 否认气候变化或为气候变化辩解的策略
>
> 　　这些策略来自"热点"网站[①]，并且也出现在《否认气候变化：对现实的逃避》（*Climate Change Denial: Heads in the Sand*）（Washington & Cook, 2011）一书中。
>
> 　　**阴谋论**：例如"气候门事件"。这个媒体丑闻涉及不同科学家团体之间的一系列往来邮件。科学家说他们在讨论如何最好地展示数据，以便使公众也能理解。气候变化的质疑者们则认为科学家之间所传递的信息就是证据，表明科学家们在合谋制造误导人的数据。
>
> 　　**引用冒牌专家的话**：英国的洛德·蒙克顿勋爵（Lord Monckton）是一名气候变化的怀疑论者，曾在2013年年初访问过新西兰。他不是一名气候变化方面的科学家，但是凭借其在英国的社会地位，他个人关于气候变化的观点却被赋予了相当的权威性。气候变化方面的科学家指出蒙克顿在这个专业领域

[①] http://hot-topic.co.nz/climate-change-denial-heads-in-the-sand，这个网站经常向新西兰观众报道一些关于气候变化的新闻。

发表的任何知识主张都不具有权威性，蒙克顿也不应当利用自己的社会地位来这么做。正如本章开头所展示的新闻标题，蒙克顿勋爵扭曲了科学家对其观点的指责，将之视为对他个人的攻击——当然由于他利用了自己的社会地位，其中确实掺杂了一些个人因素。

不可能的期望：这项策略包含怀疑论者的一个典型观点，即在我们有必要听取科学家的知识主张之前，科学家应该对自己的主张确信无疑，并且彼此之间应达成完全的共识。科学家则认为他们不能也不会给出种种确定性的保证。科学的主要工作是去质疑和检视知识主张，以使它们"经久耐用"。但是质疑和争论也会伴随而来。由复杂的系统变化所带来的不确定性，会使问题本身变得更加复杂（参见第四章）。由于复杂系统的结果是生成的、不可预测的，因此不管科学家如何努力工作，对气候变化有任何准确的把握都是不可能的。

歪曲事实和逻辑谬误：有些怀疑论者声称正在发生的气候变化是一种自然现象，因为在过去气候也发生了变化。当然科学家同样认为气候在过去确实已经发生了改变，但同时也会指出这里面的逻辑存在错误。例如，怀疑论者假设关于气候变化的所有现象都是基于同样的原因而发生的。在类似这样的例子中，怀疑论者利用常识性的观点和经验来支持自己的知识主张。这对科学家们提出了真正的挑战，因为科学家们的反驳常常是反直觉的、很难理解的。

精选证据：例如怀疑论者可能会说冬天比往常更冷，由此来证明变暖是不会发生的。他们会利用常识性的经验来寻找所谓的例外情形和反例。科学家则会说必须考虑所有相关的证据，而不能有选择性地关注部分证据。科学家会认为必须严格分析这些反例，看它是否能导引出那些我们尚未知道的方面。应该将这些反例视为创造知识的契机，而不是对既有观点的确证。

○ 避免形成一种"什么都行，无所谓"的心态

作为成人，我们的生活经验使我们认识到，不同的人在理解社会问题时，都会不可避免地带入不同的观点及价值观。而这种差异性对我们如何进行意义创造以及思考解决问题的方法等都会产生影响。在这个方面，科学家和其他人是一样的。科学家也会像其他人一样将自己的价值观和社会背景带入工作之中。（例如某些科学家会对其研究的商业价值产生特别的兴趣。）

但是我们只有一个地球，一个大气层，一个相互联系的复杂的天气系统。就这些物理系统而言，用以检测其真实性的最重要的方法就是看它究竟发生了什么。从最终意义上来说，不管我们认为自己知道了什么，地球必然会发生变化。正如我们在第四章中所看到的，复杂系统理论预言巨大的变化可能会突然降临并且无法逆转。在决定我们该相信何人的知识主张时，颇有点放手一搏的感觉。我们是否应该意识到，忽视关于气候变化的大量证据是错的，而且几乎可以确定的是，要想劝阻人们不要将正在发生的气候变化归结为某些因素，可能已经为时太晚了。

其中一个明显的启示是，每个人都需要学会何时可以相信专家，并懂得其具体原因。一些知识主张必须认真对待，而另一些主张则无须如此，但是普通人如何准确鉴别呢？特别是，当我们的观点被操控的时候，我们应如何学会鉴别，不管操控出于何种动机？我们每个人应如何发展出对真理的关键辨别力？① 当教师将学生的未来铭记于心时，他们应如何使学生了解何时提出质疑，何时可采取信任的态度？① 在信任是更明智的选择（尽管存在一些质疑，但是犯错的

---

① 斯蒂芬·诺瑞斯（Stephen Norris）是一名科学教育的研究者，他曾就此挑战写过一些文字。他指出在许多情境下（比如去修理什么东西，去探望一名有健康问题的专家时等）我们都需要知道何时可以信任其他人的专业知识。如果我们不能辨别信任和不信任的事物的话，就会陷入"病态的怀疑"之中（见 Norris，1997，p.250）。

风险太高）时，教师应如何帮助学生学会鉴别？我们应怎么做才不至于使学生失去对未来的希望，或者陷入怀疑任何人任何事的泥淖之中？

我们不能将这些问题仅仅理解为纯粹个人的挑战，尽管所有人都会对真理的主张时时作出个人的决断。许多社会机构都致力于提炼真理的主张，并代表我们作出关键的决断。法院就是其中一例，它们被新西兰民众高度信任（除少数偶然的例外）。[①] 我们对其他机构的信任则存在更多的问题。例如政府和政客，民众对他们的信任值就比较低，尽管从原则上来讲，他们也通过多种方式来权衡不同的利益和知识主张，以代表最大多数人的利益设定行动路线。在塑造公众以不同程度的批判或信任态度，选择看到什么或相信什么等方面，媒体也扮演着至关重要的角色。在本章中我们没有更多的空间来讨论这些情境中的所有问题。我们能做的是就"如何提升学生的意识，使他们知道选择信任何人、何种立场"展示一些观点。正是在这个方面，学生需要发展（特定的）能力才能作出关键的但有充分根据的决断。

○ 深化关于知识和意义创造的认识

本章重点讨论的核心素养是"思考"和"使用语言、符号和文本"。就我们即将讨论的学习经验而言，它们是同一枚硬币那不可见的一面。

在开发新西兰课程的过程中，人们曾以"意义创造"这个标题来指称"使用语言、符号和文本"。那些反对使用该标题的人，极有可能是将意义创造的范

---

① 有趣的是，法理学——西方法院中用来确立法律事实的实践系统出自一批哲学家的思考，即美国实用主义思想家。在美国内战结束之后，这些思想家开始寻找新的途径来思考我们该如何认识这个世界，以及如何确认真理。作为知名的教育改革家，约翰·杜威（John Dewey）就是这个团体的一员（要了解更多信息，请参考 Menand，2002）。

围限定为学生就自己的学习经验所形成的个别化理解。这个架构将意义创造等同于传统的学习。谁会不希望学生理解教师所教的内容？不同于该传统观点的是，我们可考虑将它修改为"使用语言、符号和文本"，这样意义创造就可以囊括对公共知识（而不仅仅是纯粹的个人知识）的批判性思考。这种（对知识）更广泛的关注，造就了一个有关核心素养的更具有挑战性的架构。公共知识激励我们思考许多重要的哲学问题（如真理、信念和证据）。[①] 正如我们刚刚指出的，真理、信念和证据是"全球变暖是否正在发生"这个争论的核心要素。我们可以选择任何一个棘手问题，都能对公共知识主张和反对意见形成相似的分析。

事后我们才意识到最终拒用"意义创造"这个词似乎是一件令人遗憾的事。因为我们丧失了一个指明关于知识的许多重要观点的机会。对这个核心素养而言，如果我们考虑到公共知识，"意义创造"更加适合做标题（它蕴含了不同的内涵）。现在我们希望对这一点作更深入的探索。

公共知识的特点

将历史、科学和数学等学习领域描述为学科，可揭示人们创建公共知识的重要方法。提出公共知识主张的人们（例如科学家、历史学家、数学家等）期望以一种学科化的方式来遵循专业规范。这种学科要求我们付出一切可能的努力，将个人的（主观）兴趣搁置一旁，以尽可能保持不偏不倚（客观）的立场。

---

① 这些问题清单是美国教育专家休·索基特（Hugh Sockett）提出的。在其出版的著作《教学中的知识和美德：倾向性优先》（*Knowledge and Virtue in Teaching and Learning: The Primacy of Dispositions*）中，他认为我们应该在学校教育最开始时，就使学生置身于创造公共知识主张的一系列不确定性中；若我们不这么做的话，就一定会因使学生远离重要的"知识论秘密"而感到内疚（Sockett，2012）。这与大卫·铂金斯提出的支持学生玩"隐性游戏"的观点相一致（Perkins，2009）。

这不是一件简单的事——如果容易的话，这些专家就不需要如此严谨地从事这项工作了。没有人可以做到完全客观，专家有时候也会发表一些不恰当的言论，但是他们通常会及早发现这个问题。

人们期待那些提出公共知识主张的人在自己的领域内遵守知识构建的已有惯例，如果不遵守这些规则的话，他们就必须为自己辩护。[①] 有些规则与证据的搜集和呈现有关。随后的探究过程必须是开放式进行的，对相关领域的其他专家而言又是可信的。其他规则可能与新证据源于何处，以及如何进一步发展领域内已经合法化的知识（如已有的理论和概念）有关。也有一些规则与传播新知识的过程中（学科领域内专家使用的表征类型）塑造和传达意义的方式有关。

了解形塑证据、证明主张和表征观念的规则，就是了解学科内意识是如何被创造出来的。"新西兰课程"指明这些知识创造的规则是学生应当要掌握的。例如在科学领域，关于科学本质的内容应当包含在学科内容之中。历史学科特别关注历史思维，并凭借重要的概念，如历史意义、历史视野、原因与后果、证据来源等来表征这种思维[②]。这种对学科本质的关注将我们拉回到了第三章所言的"话语"概念。学生需要学会像科学家一样言说——或者像其他学科专家一样言说。

其中一个真正棘手的挑战是，某些语句在学科话语体系内的意义和在日常话语中的意义可能截然不同。其中一个最经典的例子便是"理论"这个词。在科学中，理论是将特定研究领域内所有已知的现象和概念整合起来，并作出普

---

① 在设计新的探究方法时，知识建构的全新领域就会被打开。在建立和合法化这些新的探究方法的过程中，它们会逐渐发展出自己的规则。

② 加拿大历史教师彼得·赛克斯（Peter Seixas）的个人网页 / 博客（http://historicalthinking.ca/）主页上讨论了历史思维的六个重要概念。若要了解新西兰是如何在课堂中发展这些概念的，可参考《历史是重要的》（*History Matters*）这本书（Harcourt & Sheehan，2012）。

遍性的解释，[①]它接近于科学家所称的既定事实。（正如我们已经注意到的，新的证据可能会改变我们的认识，所以科学家可能永远不会说他们百分之百确定。）相比之下，日常生活中我们会说"我对此有一个理论……"，其意思是根据我们已有的经验和个人知识所作出的最佳猜测。这对指引常规的生活绰绰有余，但它只是一个个人化的理论，不具有公共性。学生需要学会辨别两者之间的差异，并知道为什么这种差异是重要的。

现在设想一下你和其他人发生某种误解的情形。我们自己的理解和经验会以非常个性化的方式将语词带入我们的生活之中，当我们彼此沟通不畅的时候，往往需要花费一些时间梳理清楚究竟发生了什么。相比之下，这些学科领域会使用已有的意义创造规则，这样那些了解相关话语的人们会更少陷入牛头不对马嘴的境地。这并不仅仅适用于个别语词，在将语词串整合起来传达意义时也同样如此（即学科内的语法规则）。例如箭头在流程图中表达截然不同的意义（由此引出彼），射线图（虚拟光粒子的行进路线），食物链（能量流动的方向）等。等号在算术中是指"其总数等于"，而在代数中则代表"等式两边是相等的"。在不同的学科领域，图表和等式的其他方面均有自己的规则，正如模式和其他符号也会以不同的方式来传达意义。

所有社会环境都有自己创造意义的规则。在某些环境中，身体的语言会以无声的方式传达意义（这方面的例子如裁判的手势和舞蹈动作）。所有不同类型的符号都具有同样功能，符号系统也是如此（例如竞技场上的计分与裁判规则，以及文字所具有的特定意义）。有时候寻找新意义的人们会有意混合创造意义的

---

① 复杂理论家布伦特·戴维斯（Brent Davis）的最新著作审视了不同的教学隐喻是如何与不同的知识理论相联系的。这本书首先以令人意外的方式讨论了科学的进化论。正因其具有创造意义的力量，该理论在某些宗教中仍然存在争议。它能解释如此多不同的现象，以至于改变了自那以来哲学家关于知识建构和认知的思考（Davis，2004）。

既有方式，推动大家以新的视野审视事物（成功的现代艺术即是如此）。所有这些意义创造系统都在不同程度上发挥作用，以使需要了解情况的每一个人都能理解系统所传递的意义。有能力识别并使用各种相关的意义创造规则，是学会了解学科本质的重要方面，而这些能力正好在"思维"和"使用语言、符号及文本"的范围内。

总之，学科内的意义创造包含下列要素：

- 符号、文字和短语背后的情境意义（在不同情境下会形成不同意义）。
- 塑造文字、图像和符号以及表征学科内知识的不同方式。
- 学科内每个人建构和证明新知识主张的规则。

在所有这些领域中，学生都需要构建基于学科的素养（例如科学素养、统计学素养等），如此他们才能以恰当的方式使用相关话语。这些素养会推动新的学习，并促使学生传达自己的所知所想。它们也能帮助学生发展批判性视角，以审视那些异于真理和证据标准的公共知识主张，这样学生就能在知识主张发生冲突时知道该相信何人。

○ 聚焦意义创造的课堂是怎样的？

以下例子（表5.2）描述了教师如何以不同的方式带领学生进行基于学科的意义创造。这些例子的共同之处是教师皆有意愿帮助学生了解在公共话语中建立可能真理是何等重要。我们首先会举一个科学的例子，然后呈现两个将媒介学习和学科领域（分别是科学和社会科学）整合起来的例子。第四个例子重点讨论了如何使用基于艺术的教学方法来探索一个复杂的问题，即公共知识的不同层面是如何陷入直接冲突的。

表5.2 基于学科的意义创造：四个案例

案例1

学会对科学家的文本进行意义创造

这个案例源自一所郊区学校的十三年级的生物课。在调查1080毒药是否应用于负鼠控制的问题时，有些学生发现一份长达八页的科学论文与此非常相关，但起初读起来非常困难。教师复印了几份这篇文章，以便全班可以一同攻克难关。全班同学先从阅读摘要开始（教师原先发现学生并不知道怎样使用摘要）。他们讨论摘要中所呈现的总目标以及具体的内容，以便确认其与研究问题的潜在相关性。

下一步是在总结表上正确记录参考文献，此举意在鼓励学生养成系统记录资料的习惯。随后学生开始阅读文章的主体内容。他们先是阅读全文，在必要的时候，教师会指导学生采取他们所不知的文句处理策略。例如，他们可能会往前读，看看意义是否可从后面的句子中推断而来。他们也会讨论互联网上的不同地址或者寻求帮助的对象。因为这篇文章涉及研究问题的多个方面，因此教师鼓励学生抓住其中一个焦点（例如1080毒药对哺乳动物的危害），搜寻所有相关信息并将其写在记录表上进行总结。

教师提到，如果学生不知道要就什么议题进行资料搜集，以及为什么要进行这种搜集，他们就会缺乏批判分析资料的意识与能力。所以他们先从参考文献开始进行批判性分析。教师提醒学生注意这些参考文献的功用，以及它们向读者揭示了整个论证过程（学生刚刚总结出来的）的哪些要点。他们也认识到文章所在期刊是经过同行评审的，并将其视为一条证据，教师则提醒学生为什么这一点是非常重要的。在可能的情况下，学生随时利用互联网检视那些文章被明确代表的作者。他们是谁？他们为谁工作、做什么工作？

续表

案例 2

有没有所谓的健康巧克力?

这个案例来自新西兰另一个地方一所中学的十一年级的科学课。在学年开始时,这个班里的学生看到了一则关于"健康巧克力"的广告。[①]教师要求学生讨论他们是否相信广告的台词。并鼓励他们对自己的判断作出证明,将自己的想法记录在白板、便条或电子论坛上。随后教师向学生出示观点背后的某些证据。学生需要自行分类并作出解释,然后回看广告,再次思考自己最初的判断。发生了改变还是维持现状?为什么变,为什么不变?

学生组成小组,使用教师提供的框架设计出一张检核表,罗列那些真正科学所需要做的事。学生将这张检核表应用在不同的案例研究之中,评估观点背后所蕴含的科学。一旦学生开始对自己的检核表有了信心,教师再提供一篇文章,讲述"健康巧克力"背后的科学,并要求学生利用检核表来评估这篇文章。在完成这项任务之后,学生再次思考是否要相信这则广告。

在随后的自主调查中,学生再次使用了活动中开发的检核表。教师继续邀请学生使用检核表中的语言,来解释为什么他们应该相信自己的结论。在对学生的自主调查进行 NCEA(全国教育成绩证书)检测时,教师发现大多数十一年级的学生都有能力开发出有效的方法,并根据检核表中的具体观点对其方法进行评估。在接下来的一年里,教师观察到同样的学生仍在针对自己开发的方法进行激烈地争论。学生对科学调查本质的看法信心十足,他们也有能力表达并论证自己的观点,以及反思自己的方法论。

---

① 可以在下列网址中找到这个活动: http://www.upd8.org.uk。该链接在"最流行"活动的右侧工具栏中,你需要先注册,而后才能免费下载。

续表

案例3

了解"真理"是如何通过及在制造新闻的过程中建立起来的

　　这个案例讲述的是离市中心不远的一所城市中学。社会课教师提到他十年级的学生经常有一种直觉，即客观性是值得追求的，但是却很难意识到在新闻中不存在单个的、唯一的、无可争议的最终"真理"。为此，他设计了一个单元，聚焦社会媒体所扮演的角色，试图使自己的学生了解知识和真理的不确定本质。但他面临一个具体的挑战，他不希望自己的学生陷入到他所描述的"一切事都是相对的"这种状态之中。与此同时，他认识到某些新闻报道比另外一些报道更好。他希望自己的学生学会鉴别，但他知道只有让学生探究新闻制作过程中"真理"是如何被建立起来的，他们才会开始去鉴别。

　　以此为目标，这个单元包含了三个关键的组成部分。其一，学生组成小组，形成本小组的调查日志，将自己认为对学校或本地社区有意义的议题记录下来。教师从一开始就要求学生选择所谓"有意义的"（一个历史思维的概念）事物，这在学生之间引发了激烈争论，大家想了解我们关于历史事件的知识是如何从所有引起我们关注的事件中有偏好地选出来的，以及我们为什么会作出这样的选择。教师将学生们作出的解释全都放在网站上，并通过学校时事通讯和本地信箱传播具体的细节。教师也提供结构化的讨论机会，让学生反思学习过程中所面临的挑战，并使他们关注新闻制作是如何创造意义的。

　　接下来，学生们描述了在新西兰这样的民主社会里媒体所扮演的角色。

他们对 Te Ara 网站上讨论这个问题的材料进行了阅读和思考。[①] 讨论"第四等级"的概念以及在民主社会中所扮演的角色，激发学生进行小型个案研究来探索媒体中直接相关的争议性事件。这个问题聚焦国防部和政府通讯安全局（一个政府安全部门）之间的关系，各小组发表的评论都将媒体塑造为具有破坏性的，因而必须进行管控的风险因素，而不是一个可进行更开放式的互动的重要团体。为了使学生们进一步意识到媒体对生活的影响，教师从一个叫"富有意义的媒体"专辑中遴选了许多 TED 演讲。[②] 这是一个非常重要的补充。这些演讲的焦点是如何使用媒体（包括电影和电视）来发展和分享关于未来的积极愿景，以及个人和团体所能创造的意义。

最后，学生小组设计了一幕角色剧，反映的是一则以纪念伊拉克入侵十周年为主题的新闻报道。教师要求每个小组持有不同的政治观点来发展这份报告。在他们互相观看彼此的演出时，学生们就能直接体验到观点是如何改变不同团体对同一组事件的看法的。总之，本单元的三个组成部分为讨论和反思新闻中的真理与证据概念奠定了重要基础。

[①] 可以在下列网址中找到这个材料：http://www.teara.govt.nz/en/media-and-politics/page-1。该材料讨论了媒体和民主之间的核心关系是如何延伸到更广泛的系统架构之中去的，并展示了那些看上去毫无联系的事件、结构和过程是如何在这个空间里相互连接的。

[②] 浏览网页 http://www.ted.com/playlists/21/media_with_meaning.html。其中一个代表性的例子是由易趣的百万富翁杰夫·斯科尔（Jeff Skoll）所作的演讲，他指出通过主动改变社会媒体故事，就可以产生为公众服务的力量，这些故事给人们以希望，或能揭示供大众辩论的重要议题。例如，他的媒体团队就致力于将艾伯特·戈尔的幻灯片展示制作成广受争议的电影《麻烦的真理》（*An Inconvenient Truth*），该片主要讨论的是气候变化。

案例 4

凯玛那瓦的野马应该被宰杀吗?

本案例发生在一所大型的城市小学,其五年级和六年级两个班的同学致力于探索"真理和环境伦理"这个议题。这个短语是维夫·艾特肯(Viv Aitken)《联系课程,连接学习》(*Connecting Curriculum, Linking Learning*)这本书其中一章的标题。[①]该章描述了一种基于艺术的教学方法,即"专家的披风"(Mantle of the Expert)是如何辅助课程整合的。儿童不得不面对是否要宰杀马这个情感问题的两面。不同行为过程之间存在的不可避免的紧张关系,会通过多种类型的戏剧表演活动循序渐进地展开。

本单元首先从保护所有的马这个视角出发进行探究。教师清楚地意识到爱护动物(如马)会成为一条重要的情感线索,吸引孩子们深入思考整体的学习经验。孩子们在教师的引领下开展了一系列的戏剧表演活动,并扮演一个名为"野生和自由"的抗议团队,表达明确反对宰杀野马的观点。随后又开展一系列截然不同的活动,即教师披上自然保护部门的专家服,引领孩子们进行一连串的科学调查,帮助他们了解该地区独特的生态系统(此生态系统为高山荒漠,环境脆弱,如果马群繁殖过快,就很容易被破坏)。在这一点上,儿童不得不面对的是保护凯玛那瓦高山荒漠地区本土的动植物群体,还是保护外来马群这对矛盾。

---

① 《联系课程,连接学习》这本书探索了课程整合,并特别聚焦基于艺术的教学方法,包括"专家的披风"。这本书的作者是瓦卡托大学的戴伯拉·弗雷泽(Deborah Fraser),维夫·艾特肯(Viv Aitken)和巴巴拉·怀特(Barbara Whyte)(Fraser, Aitken, & Whyte, 2013)。在本章中我们只是截取了其中一小段简短的阐述,其全文的详细内容非常值得阅读。

续表

> 在将这些相互对立的行动路线并列起来讨论的整体架构中，儿童是作为一个纪录片公司（即"问题解决者"，其使命是成为一家正直而诚实的公司）的研究者而存在的。在这种情况下，本单元的设计为建构媒体对问题的解释指明了道路，而没有回避这类公司所不得不面对的伦理困境。儿童为关于该议题的纪录片提供了故事脚本，但没有真正创造自己的纪录片。本单元的焦点始终锁定在伦理议题上。

○ "使用语言、符号和文本"中那些基于学科的能力

表 5.2 中的四个案例为学生提供了对知识主张进行批判性思考的有效练习。学生需依赖相关学科的话语，因为它们在意义创造过程中扮演着重要角色，但是它们不必然是有意学习的直接焦点。学科创造意义的具体方法也需要引起学生的注意。上述案例只是揭示了科学学习领域的其中一种方式。

研究者发展出五项"科学能力"，以支持学生学习新西兰课程中的科学。这五项能力揭示了科学本质部分如何发挥作用，以使人们在意识到学生的公民素养不断提升的同时，聚焦更加传统的教与学（正如我们在第二章中所提到的，新西兰课程将此视为学习科学的首要目的）。国际研究对科学能力作了提炼，并认为关于科学本质的认识必须成为学校课程的一部分。研究者以看似简单的概念来命名这些能力："搜集和解释信息""使用证据支持观点""对证据进行评判""对科学表征进行意义创造"以及"投入到科学之中"。想想在关于气候变化的争论中要将"谷壳"（代表无价值的言语）转变为"小麦"（代表有价值的言语）会面临多大的挑战。这些被命名的领域所代表的每一项能力是否能发挥

作用呢?

研究者开发了一系列资源来作为此能力项目的一部分。它们揭示了教育者可以为一到十年级学生的科学能力发展提供怎样的支持。每项资源都显示了如何调整现有资源以突出能力的某个维度。"重要的是什么"这个问题可用来展示这项学习任务对学生的公民素养发展究竟有何贡献。接下来我们罗列了三项资源中的"重要的是什么",这些都有助于发展"对科学表征进行意义创造"的能力:

科学家会借助其他人的丰富资料来撰写自己的观察和研究报告,以便有能力对其他人所做的研究工作提出批评意见。科学中的描述通常是事实性的、客观的。学生需要不断练习,才能以这种特别的方式描述事物。(水平1/2的资源建立在下列材料基础上:"站起来:结构与框架""建立科学概念",书籍51[①])

科学家以多种方式表达自己的观点,包括模型、曲线图、地图、示意图和书面文字等。在这个水平,最重要的是使学生留意这样一个事实,即不同的表征背后有不同的目的,科学家会选择最佳途径来表达自己的观点。对自己所代表的事物来说,所有模型在某些方面都是相似的,而在另外一些方面又是不同的(水平3/4的资源建立在下列材料基础上:"春天是一个季节""建立科学概念",书籍44)。

科学家以不同方式表达自己的思想,包括模型、曲线图、地图、示意图和书面文字——以及他们所使用的测量表。学生需要了解科学量表是基于某种具体的目的而被有意设计出来的,并且可在用于实现这些目的时不断完善。但是

---

①《建立科学概念》(*Building Science Concepts*)系列的64个标题可见于下列网址:http://scienceonline. tki.org.nz/What-do-my-students-need-to-learn/Building-Science-Concepts/Titles-and-concepts-overviews。

这并不意味着"怎样都行"——学生需要认识到批判和共识的建立是保障这些量表权威性的基础，而形成这种认识是发展科学素养的重要方面。（水平 5 是建立在两套"麦氏震级量表修订版"基础上的，这些量表是用来测量地震的震动效应的。）

接下来的重要一步是围绕这些资源发展一系列丰富的实践经验，并解决"不同年龄阶段学生的能力发展状况"这个重要问题。研究团队为每一项能力至少开发了 12 个资源，并透过这些资源提炼出不同学习机会之间的核心差异，这些学习机会皆有助于年幼和年长学生的能力发展。

○ 发展创造意义能力的机会

这些课堂故事和新教师资源都揭示出，教师的课程意图和教学法是如何以及为什么有助于学生延伸与巩固其能力的。尽管本章特别关注"思维"和"使用语言、符号和文本"这两项核心素养，但其他核心素养的重要方面也在发挥作用。

表 5.2 四个案例中的教师均帮助学生缓慢而有目的地建立起一种意识，即为什么为那些复杂的社会问题寻找某个"正确"答案是不可能的。学生需要站在他人立场上来理解为什么不同人会如他们一样进行思考和行动。在巩固"与他人建立关系"这个核心素养时，培养同理心是必须考虑的。同样重要的是，教师也需要基于批判反思的策略来发展学生对不同观点的觉醒意识。例如，伦理思考和价值澄清便应在必要时成为学习的焦点。

每位教师都设计了丰富和参与性的学习经验，推动学生投入到学习状态之中。学生的好奇心得到了激发。教师鼓励学生成为问题的发现者以及问题的解决者。为了成功发现问题，学生需要超越特定的学习情境和任务进行思考。很显然，充满好奇是一个良好的开端。在第四章中我们看到创造性思维的特定类型也会在学生需要超越已知进行思考时发挥重要作用。从事这种类型的思考需要付出大量的脑力劳动，也需要学习者成为独立的思考者。他们需要能接触不同的思维技巧（如系统思考所需的那些技巧），并应用相关的知识，如此，他们的思维才不会偏离任务的有效边界太远。

同时还需要注意这些活动中的倾向性部分。你无法使别人充满好奇，你也不能使他们成为独立思考者。但是当他们决定要进行天马行空的思考，对任务的解决无法作出任何有意义的贡献时，你也不能束缚他们的思维。此处提到的所有条件都需要自律，因此教师需要提供机会以巩固和延伸学生"自我管理"的能力。

在这些教室里，教师也会有意激发学生强烈的情感，以使学生成为那种"想要在研究问题的中心挖掘真理"的人。吸引学生是非常重要的，如果我们希望他们成为公共知识的真理、证据和权力的批判性追寻者的话。接受知识主张的表面价值是我们默认的生活方式。而要成为更具批判力的思考者则需要"关于怎么做"的程序性知识及其意愿。这是一项艰苦的工作，而且有的时候会让人感到不舒服。当课堂要求不复存在的时候，学生需要有一种为了自己去做的意愿。只有这样，强化"自我管理"的能力才能对持续学习产生直接和更持久的影响。

这些故事描述的教与学的经验，不仅存在年龄的差异，且包含了围绕"我们如何知道自己所知道的东西（在集体意义上）"这个问题的各种课堂对话。真理、信念和证据是这些学习对话的焦点。教师们并没有规避争议和激烈辩论。但是这些案例中的辩论并没有走入"怎样都可以"的死胡同之中。恰恰相反，这些学习活动的本质及其顺序支持和鼓励大家从不同的视角对真理主张进行认真考虑和批判思考。其学习环境支持人们同时保持思想开放和理智上的谦卑态度，教师率先垂范，而每个学生则都通过实践做到这一点。很明显，除了发展知识和技能以外，他们也着力将学生培养成为具有某种气场的人。

在这些教室里，无论是指向此时此刻的学习，还是发展未来所需的能力，"参与和作出贡献"都扮演着非常重要的角色。教室提供机会使学生成为批判性的意义创造者，而不仅仅是对他人意义的机械接受者。在了解学科与建立可靠知识的作用（以及练习使用学科术语）之后，他们对何为科学家、历史学家、记者等有了深刻的体会。

这些教学单元的核心问题或议题充满了探索知识主张的可能性。这种探索会很自然地促进学习领域之间以及同一学习领域内不同学科（例如传播学和历史学都是社会科学旗帜之下的学科）的整合。

接下来要做什么？

我们写作本章内容的目的是开启一个对话的平台，促使大家思考不同学习领域内意义创造的本质，以及教育者该如何支持学生了解不同学科的运作机制。我们以气候变化为例，来说明为什么我们认为这一点对发展学生全面的核心素养是极为重要的。对教育领域的专业工作者而言，还有下列问题值得讨论：

• 教育者（及其他感兴趣的人士）如何使学生成长为真理的批判性追寻者？

• 如果教育者不这么做的话，会有什么后果？

• 不同学科对发展学生知识建构能力可发挥什么作用（哪些作用是重叠的，哪些作用是独特的）？

• 应该从哪个年龄阶段开始进行这种教育？

• 怎样才能使年轻人在不回避挑战性难题的情况下保持希望？

• 教育者该提供怎样的学习经验，才能使学生意识到不同观点及学习方式的存在，而又不给他们一种"什么都可以"的错误印象？

　　我们认为研究者和教师需要结成紧密的伙伴关系，以便深入探索这片能力发展的"未知水域"来解决上述问题。年轻人（以及作为公民的每个人）会面临复杂的未来，这是一个事实。我们需要一起努力，使年轻人成长为积极的未来创造者，而不仅仅是命运的被动接受者。接下来的两章，我们会就此展开进一步的讨论。

第六章

团结协作
共创意义

新西兰的收入差距加速扩大

消费主义是在"吃掉未来"

你能买到幸福吗？

你们准备好为拯救地球花更多钱了吗？

图 6.1　新媒体标题

⬡　思考不平等

　　新西兰经常被视为是一个人人平等的国度。许多新西兰人也认为相比其他国家，新西兰社会的等级不那么森严，人们很快就能得到他们的那杯羹。但这是现在的新西兰，还是过去的新西兰？如许多发达国家一样，现在的新西兰在失业率方面居高不下，某些工人的就业安全得不到保障，贫困现象加剧，贫富差距也日渐悬殊。表 6.1 对这种日益恶化的情况作了详细阐述。

表 6.1　收入差距呈现

新西兰的收入差距加速扩大[①]

根据 OECD 的报告，在过去 20 年间，相比其他发达国家，新西兰的贫富差距问题要严重得多。

"分则立"（Divided We Stand）智库的数据显示 10% 最富有的新西兰人，其收入是 10% 最贫穷新西兰人的 10 倍……

OECD 表示收入差距扩大的主要原因是工资和薪金的不平等进一步加剧，相比低技术工人，那些高技术工人可以从技术的进步中获益更多。

此报告提出了警告，即富裕国家的高收入群体在增长，而低收入群体不断流入社会底层，所以政府必须赶快采取行动来处理这种不平等。

"许多国家的社会契约开始土崩瓦解"，OECD 总干事安吉尔·古利亚（Angel Gurría）在发布报告时说。

"这项研究打破了之前的假设，即经济增长的益处会自动延伸到处境不利的群体中去，更大的社会不平等会推动社会流动的增强。如若不采取全面的融合增长策略，这种不平等现象会进一步加剧。"

古利亚承认那些以促进竞争，并使劳动力市场更具适应力的改革（如提供兼职岗位或更灵活的工作时间），已经提高了生产力，并吸纳了更多人（特别是妇女和低收入工人）进入就业市场。

但是报告指出提高兼职和低收入工人的工资也扩大了收入差距……

"就高水平的、不断增长的不平等而言，没有什么不可避免之说。"古利亚强调。

[①] 这只是一部分内容，全文可见于下列网址：http://tvnz.co.nz/national-news/income-gap-widens-faster-in-new-zealand-4599042。

"我们的报告清楚地表明到目前为止，提高劳动力的技能是消除收入不平等的最有利举措。对人的投资必须起于幼儿阶段，并延伸至正规教育和工作阶段……"

表 6.1 中提到的不平等不会孤立地出现。它与我们近年来面临的全球金融与经济不稳定有密切关系。这种不稳定的原因及其可能的解决方案是多层面和复杂的（它是一个棘手问题）。这个难题与其他棘手问题也存在着千丝万缕的联系。首先是消费主义的崛起。如今我们有更多的机会去购买廉价的一次性产品，我们也获得了更多的资讯去购买越来越多的商品，并认为它们有利于我们的健康。对某些人来说，消费主义的崛起强化了不平等，加剧了他们的贫穷。在西方国家，不需要特殊技能的工种正在消失；而落后国家的人们则被视为可有可无的工人，因为他们通常在恶劣的工作条件下，生产低成本的消费产品。环境问题（如由于大规模生产过程所制造的烟尘）可能会对这些工人的生活条件产生不利影响。消费主义的崛起也与全球自然资源的过度使用有关，并加剧了空气、航道和海洋的污染。在这种情况下，资源的过度使用会对气候变暖产生重要影响。

○ 改变我们的世界

许多人对全社会所面临的经济不稳定和消费主义忧心忡忡，并在个人层面上采取行动，想要做点什么。有些人试图过一种朴素的生活，减少"碳足迹"。许多年轻人采取了这种方式。在 TV 和 YouTube 上有大量故事表明这些年轻人凭着个人的经验在他们本地或全球社区作出改变。但仅凭我们个人的行动足够吗？是否也需要通过集体努力来作出改变呢？当然需要。本章在开始时就提出假设，即为找到解决棘手问题的方案而行动，年轻人必须团结协作共同设计解决方案并展开行动。以下我们将提出理由以解释为什么年轻人需要集体协作。

提姆·杰克逊（Tim Jackson）在他的 TED 演讲[①] 和著作《非增长型繁荣：为了有限地球的经济》（*Prosperity without Growth: Economics for a Finite Planet*）[②] 中，提到以我们目前的经济增长模式来处理不稳定问题对地球而言是不可持续的。他认为人们必须对这种模式进行批判性思考，并设计出更成熟的新方案，以证明繁荣和幸福未必一定要和消费主义挂钩。我们需要新的运作方式，一方面能减少对环境的（不利）影响，消除不平等；另一方面又能促进经济稳定。这项复杂且艰巨的任务摆在我们所有人的面前——特别是我们的年轻人。为设计、评价和实施能解决这些棘手问题的方案，年轻人需要具备跨越不同学科（如经济、环境科学和心理学等）既有边界的能力。他们需要参与到不同的社群之中并作出贡献，需要团结协作，分享彼此的看法、世界观、专业知识、过程和知识。他们也需要集聚行动的力量，即便每个方案不是答案的全部。

上述挑战给我们的启示是，学校需要支持学生发展集体协作和行动的知识、技能、价值观和倾向（也就是素养）。但是合作共事共创变化的观念可能会对现有教育体系提出两个潜在的挑战：一是需要创造空间，发展学生与他人合作的能力，但现有体系却建立在学习和评价的个人模式基础上。二是优先考虑行动，在做中学，但传统的教育系统却聚焦"学习内容"（learn about）

---

① 为概览提姆·杰克逊（Tim Jackson）关于新经济模式的看法，可观看他的 TED 演讲：http://www.ted.com/talks/tim_jackson_s_economic_reality_check.html。

② 在《非增长型繁荣：为了有限地球的经济》这本书中，杰克逊认为经济增长、环境危机、经济衰退和幸福感之间存在着复杂关系。他建议我们以新的方式思考经济增长，即经济繁荣和个人健康不必然要以生产和消费大量物质资源为前提。他提出了一些关于"绿色"经济的模式，可作为这种新思路的例子。

这种方式。

本章的核心任务是思考如何支持学生发展合作共事、集体行动的能力。宽泛地说，我们要思考两个问题："什么样的学习情境可以发展学生集体协作、共创变革的力量和能力？""如果其中一个最终目标是支持创造更好的社会的变革，那么学生需要具备哪些形式的核心素养？"

○ 成功的人生或体面的生活，还是两者兼有？

新西兰教育系统将核心素养引入课程架构，意在强化学生为生活和终身学习而发展相关能力。正如我们在本章开头时所讨论的，OECD 关注一套普世的素养体系，就是要确保年轻人具备理解和处理复杂问题的能力——例如先前提到的收入差距和不平等。OECD 认为年轻人必须有能力应对重要的社会和经济挑战，以便拥有"成功的人生"，并为建立"运行良好的社会"作出贡献。[1]

但是谁来确定哪些事对社会和经济来说是重要的，或者说一个运行良好的社会是怎样的？近来国际文献中颇有一些关于素养的争论。该争论的本质是教育机构过度关注素养的市场导向性，以及如何通过发展职业和就业技巧来支持学生获得成功的人生。[2] 关于素养发展与"运行良好的社会"之间的关系，研究者们没有投入充分的关注。例如，大学教育的核心目标难道是使年轻人有能力获得好的工作及享受高薪待遇吗？它支持学生发展那些能对社会作出贡献的能

---

[1] 第一章中对核心素养国际发展的背景进行了介绍。若要了解详情，请参阅 Rychen 和 Salganik（2003）主编的这本书《核心素养：为了成功的人生及运行良好的社会》(*Key Competencies for a Successful Life and a Well-functioning Society*)。

[2] 霍斯金（Hoskins）（2008）、洛扎诺（Lozano）、波尼（Boni）、佩里斯（Peris）和 Hueso（2012）对欧洲现有素养架构和路径进行了批判。

力了吗？[①]或者说其目标有助于学生找到下列两个领域之间的平衡点吗，即将教育视为公共福利还是私人利益？

市场导向论的批评者指出，人们没有对素养背后的社会正义叙事给予足够优先的关注。这些批评者认为教育系统需要更多地帮助学生发展，过上"体面的生活"并以积极公民的身份为全社会的福祉作出贡献。[②]对体面生活的强调或许能使我们更加聚焦人权和社会目标，而这些恰是课程思维的重要方面。它也使我们更加关注那些重视合作的学习观。

表 6.2　新西兰的愿景和原则

新西兰的愿景和原则
我们对年轻人的愿景 　……抓住新知识和新技术带来的机遇，为我们国家的经济、社会、文化和环境创建一个可持续的未来。 **积极参与** 　为新西兰的健康发展作出贡献——社会、文化、经济和环境各个方面。 **聚焦未来** 　课程鼓励学生探索重要的未来议题并展望未来，如可持续性、公民素养、创业和全球化等。 　（公民素养——探索何谓公民，以及如何为社会的发展和福祉作出贡献。）

---

① 关于这个争论的例子，可查看帕特·沃什（Pat Walsh）的文章，在这篇文章中，他批评了那种将大学教育的核心目标视为获得高收入的观点。参见 Walsh（2013），http://www.nzherald.co.nz/opinion/news/article.cfm?c_id=466&objectid=10864024。

② 在洛扎诺等人（2012）的文献中，介绍了将焦点从"成功人生"转移至"体面生活"的观点。他们讨论了这种向体面生活的转变对我们的学习观以及课堂教学中哪些事务需要优先处理的理解有重要启示。

课程中传达的信息：哪些是重要的？

新西兰课程为聚焦体面的生活创造了空间，例如它在关于愿景的陈述中提到要平衡经济和社会发展的目标（见表 6.2）。

新西兰课程的原则也鼓励学校思考如何通过课程促使学生有能力为社会作出贡献。例如处理大环境下聚焦未来的议题这个原则即包括对何谓公民的探索。

多个学习领域中的声明也都提到教师可以创造哪些学习经验来支持年轻人成为社会的积极贡献者。我们会在本章的后续讨论中提供一些具体的案例。

将学生视为积极贡献者的观点可以在多大程度上推动学校课程改革，取决于学校自身的整体愿景，以及在实际行动中所呈现的真实面貌。学校是否能创造更多的空间以支持学生成为积极的贡献者，则取决于新西兰课程框架中的愿景、价值观、核心素养与各学习领域之间相互融合的程度，以及由此设计的学习经验的本质。

如果我们一致认定使学生在未来过上体面的生活是需要优先处理的重要事项，并且新西兰课程可提供给我们足够的空间来实现这一点的话，接下来的问题则是：为使年轻人成为社会的贡献者，某些类型的学习经验或学习情境是否相对而言更有助益？

○　**体面的生活：促进学生团结协作**

我们从不同渠道收到同样的讯息，即必须进行教育变革才能使年轻人具备 21 世纪所需的技能。有些学者指出为了支持年轻人在全球扮演更积极的角色，教育者和政策制定者必须考虑将重心放在学习的个别化和竞争模式上。其中一项建议指出教育系统必须着眼于促进学生养成更强烈的集体意识和大局观。① 为促进集体意识的形成，教师需要为学生创造空间，使他们能团结协作、共同设计问题解决方案并采取集体行动。② 这符合我们的直觉——我们许多人都希望可以协作以创造真正的意义。

协作和行动导向的学习方式和那种以学习他人知识为中心的方式是截然不同的。传统的学习强调学生以个人的方式（作为探究项目的一员）总结信息，将其做成一份报告、海报或作业。学生不需要对这些信息作出任何新的反馈。③ 我们在许多学校发现在探究循环圈（图 6.2）中，"采取行动阶段"往往被低估或忽略。处于探究循环圈之中的核心学习要素是问题的形成、信息的搜集和解释。

日益重现有助于过上体面生活的集体行动，对如何设计学习经验及如何理解核心素养具有重要启示。下列问题则被摆到了台面上：年轻人需要具备哪些优势与能力，才可在团体内推动社会变革与转型？为享有成功的人生，个体需要感受到他们有为自己创造这种人生的力量。但是，如果体面的生活也是关键及其目标的话，这种力量也会成为个体投入到集体行动之中以及参与社会的重

---

① 例如约翰逊（Johnson）和毛瑞斯（Morris）（2010）总结了学校应如何开展"理想"的批判性公民教育。他们提供了一个包含四个维度的框架。第一个维度强调社会意识或集体意识，包含与他人进行互动与共事的能力，使学生意识到各种非主流的观点。第二个维度强调参与或反思性实践，包含想象更好的世界、（发展）关于社会变革过程的知识、采取面向新愿景的集体行动等方面。另外两个维度分别是政治（如关于权力结构的知识，社会分析技能）和自我（如身份意识，关于自身立场的知识）。他们的框架探索了两套与上述四个维度相关的知识、技能、价值观和倾向。

② 阿尔（Apple）和比尼（Beane）（2007）讨论了那些促使年轻人批判现实社会并共同协作解决真实问题的学习方式的需要。阿尔和比尼的方法蕴含在批判教育学之中，这个学派是由诸如迈克·阿普尔（Michael Apple）和保罗·弗莱雷（Paulo Freire）（1993）等学者和社会活动家所建立。批判教育学强调与他人进行对话和合作，将思和行紧密结合起来——用一个专业术语来表达即"反思性实践（praxis）"（一起进行批判性的反思和行动，以挑战那些压迫特殊群体的社会结构）。阿尔和比尼的研究也吸收了杜威关于学校如何通过使年轻人在做中学和集体解决真实生活问题来发展公民素养的思想（参见 Dewey, 1916）。

③ 若要讨论为何将知识视为学生"做事情"时可用的东西，而不是由专家开发、学生只将其当作事实进行总结的"东西"，可参考吉尔伯特（2005）《追赶知识的浪潮？》这本书。

要平台[①]。

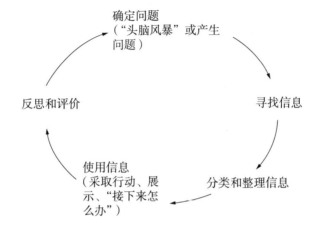

图6.2　通用的学生探究循环圈

在表6.3中我们将呈现两个例子，它们都给予学生参与集体行动并作出贡献的力量。

表6.3　两个给予学生参与集体行动并作出贡献的案例
——环境俱乐部和青年健康委员会

案例1

支持在一个"幸福、干净、友好和历久不衰的学校里"健康成长

　　这所学校[②]有环境教育的悠久历史，早在2003年一群家长就在校园内建

---

① 洛扎诺等（2012）和森（Sen）（1999）讨论了为什么有必要以集体的而不仅是个人的视角，来思考诸如力量等概念。

② 这段描述截取于一系列的个案研究，其目的是探索与学校项目成果相关的促进学生健康成长的路径。这一段调整过的文字聚焦于学校环境俱乐部的活动。若要查看完整的个案研究报告，可参见Boyd和Moss（2009）。

立了一个可以永久培养的花园。到了 2008 年，这所学校已拥有一个包含大批不同年龄阶段学生的环境俱乐部。该俱乐部受到一名教师、家长和一个环保学校项目促进员三人支持。成为环境俱乐部的成员可为学生提供不同层次的领导机会。学生学会管理学校的回收箱、垃圾收集站、蔬菜园和蠕虫农场，为同学提供健康的蔬菜汤午餐。为鼓励新的成员，学长学姐向学弟学妹们传授关于环保的知识。他们也通过与同伴进行咨询活动，来改善学校的工作方式，以促进大家养成健康的生活方式，并变得更加幸福。

2008 年，环境俱乐部为发展新的优先计划，进行了新一轮的咨询和展望工作。此过程受一名环保学校的促进员所支持。学生们提出了一个新的愿景，即希望学校成为一个"幸福、干净、友好和历久不衰的地方"。

通过这一轮咨询活动，学生们着手开发下一年度的优先计划，以将个人和环境的健康发展这个愿景落到实处，并平衡各方利益。其中的例子包括：改善大厅环境，使学生可表演节目及开展各种文化团体类活动；种植果树；标记体育锻炼的场地等。学生们绘制了一幅校园地图，来展示推行优先计划的可能地点，以便获得他人的意见。这幅地图悬挂于图书馆内，其他学生和教师可将自己的意见和看法粘贴在上面。

课程连接

教师们认为学校的环保活动若能聚焦课程将会更有成效。许多活动与课程相连接（如关于水和环保的综合单元；开展班级活动，为本地社区的节能展览活动作出贡献；开展技术项目，例如由于周边没有水的供应系统，因此要为花园设计和安装水的收集装置）。

社区连接

随着时间的推移，环境俱乐部已与广大社区建立起了许多联系。他们与本地的游戏中心合作共享水的供应系统，协助开发游戏中心的花园。除了与本地的环保学校促进员和地区性的可持续信托机构合作，学校还与本地市议会合作，开展了一个零浪费教育项目。教师和学生参加了市议会组织的关于有机园艺和蠕虫养殖的课程，从而有助于学校聚焦环保这个主题。

到了2013年，学校已想出相应的办法，将花园（为全体学生共有）更有效地整合于课程体系之中，并使之能在更长的时期内持续运行。来自不同团队的学生对花园的不同部分负责。最近，每个团队轮流研究该如何使用花园中的蔬菜，来为同伴制作更健康和低成本的午餐。

案例2

设计影响力项目（通过计划和档案袋支持学习过程）

在项目开始前，[①]学生向教师提交了一份项目计划书，希望获得教师的反馈和修正。学生们描述了他们的项目是如何满足"成功的影响力项目"之四项原则的。这四项原则是：

1. 学生对项目专题有所有权意识和责任感；

2. 有质量的结果，包括某项实物性产品；

3. 在课堂外开展实质性的学习活动；

4. 项目使学生参与到自己的社区之中并作出贡献。

学生在推进项目的过程中，使用档案袋来记录计划、时刻表、团队成员的角色，已开展的活动及学习的证据，他们的反思，评判学习过程是否成功

---

① 这段文字描述来源于两个12岁儿童开发的一个项目。他们所在的学校支持学生基于个人兴趣和热情开展个人或集体性的研究。其目标是使项目对社会产生意义，并使学生与不同的利益相关者合作。项目是跨学科的，学生则利用探究循环圈（与探究式学习相结合）来理解和设计自己的项目。学校每周都有影响力项目日。

的标准等。这些标准经常会在项目进展过程中，经教师和其他专家协商，得以发展和完善。

学生项目陈述：青年健康委员会

我们的影响力项目[1]是要通过建立青年健康委员会，使青少年提高精神健康问题的意识，并解决这些问题。在"青年热线"（我们项目中一个主要的利益相关者）的帮助下，我们要创建一个成功且持续的"青年健康委员会"，以便设计和经营一些活动，来提升青少年对精神健康问题（如焦虑和抑郁症）的认识。我们获得了关于不同精神疾病的知识，并创建了各种学习资源（如视频）供他人使用。

该项目继承了我们先前的项目，在先前的项目中，我们建立了一个网站，试图从精神健康的角度探索变化的概念。作为这个项目的一部分，我们完成了"健康标准91097 1.3：展示了健康发生改变的不同方式以及促进健康的策略"。

第一个项目为我们开展第二个项目奠定了良好的基础，因为它帮助我们与青年热线和其他组织（如彩虹少年）建立起了联系，并提供给我们可使用的其他的资源。

·聚焦抑郁和焦虑，扩展我们关于精神健康的知识并应用我们已有的知识（从上一个项目中学到的）。

·设计一个关于精神健康问题的学生问卷，搜集精准有效的数据，了解学生所面临的精神问题并提供帮助。

·使用这项数据去开发至少一个活动或项目，以提升学生对数据中某个健

---

[1] 这段描述取材于学生的项目陈述和档案袋。

康问题的认识并提供帮助。(当前的计划希望带领一批 11 岁的孩子讨论抑郁症和自尊，以促进"青年健康委员会"的发展。)

•使"青年健康委员会"得到全校的关注，吸引更多学生加盟，以创造和维系一个强大的委员会，并使其能在未来几年内持续运行。

设定学习和基于核心素养的目标

学生在自己的档案袋中设定个人和集体性的目标。有些目标涉及发展不同层面的核心素养。就这个项目而言，例子包括：

•集体目标：我们需要发展关于精神健康和青少年所面临的当代问题的知识与理解。从前一个项目开始这种发展就会持续下去，而学习会有助于我们了解不同专业门类的健康问题，并对领域内不同职业发展路径有更好的认识。

•个人目标：如果我能通过下列方式发展领导能力，我就是成功的：

1. 在团体成员、教师和组织机构(如理事会、青年热线、影响力社区)面前讲话。

2. 在项目开发的过程中带领新的学生进入青年健康委员会，并成为一名出色的领导者。

3. 发展别的有助于培育领导素养的技能，如时间管理、维持任务、组织等。

○　采取批判性的集体行动：整合核心素养

在表 6.3 给出的案例中，其核心是两所学校希望为学生提供机会，使他们能参与到学校共同体的真实变革之中，并能"作出贡献"。采取集体行动意味着学生必须具备不止一项核心素养。每一项核心素养之间的界限都是相互重叠的。

就这些界限而言，清楚地知道哪些在界限内，哪些在界限外并不重要，真正重要的是要知道通过某种学习情境可以培养哪些能力，为什么这些情境聚焦这些能力，我们应为学生提供怎样的脚手架支持。

与一群同伴共事

在表 6.3 案例的环境俱乐部和青年健康委员会中，学校支持学生使用健康促进方法，并开展相应活动[①]（例如需求分析、提出愿景、咨询、共同体赋权、优先权设定、计划和行动、反思和评价）。这些活动要求学生运用自己的知识，将其与团队成员的观点和社会咨询整合起来。其最终目标是创建新的方法来促进健康与幸福，使特定环境中的人们能参与其中并适应他们的需求。为有效设计出新的方法来促进健康与幸福，学生需要建立不同的社群并与之合作共事。两所学校的学生都是一个核心团队的成员，这些成员相互合作，共同为学校设计出新的方案并作出决定。

这么多年来，我们访问了许多学校，与这些学校里的学生进行交谈，他们经常提到自己不能适应团队工作，不能真正确信其目的或者不知道如何搞定自己的同伴。支持学生以团队成员和领导的身份有效学习可能需要教师的协助和脚手架支持，因为学生要学会以新的方式来适应团队。合作共事要求学生掌握"与他人建立关联"的一系列能力，包括主动倾听、分享观念、合作生成新的思想。合作共事的其中一个关键点便是要对他人有同理心，并意识到集体是以不同于个体的方式来建构知识的。我们曾在第三章中对这一点进行了详细阐述。

---

① 健康促进是新西兰课程"健康和身体教育"学习领域中四个相互关联的核心概念之一。世界卫生组织曾将健康促进界定为"使人们增加对自身健康的控制并加以改进的过程"。参见 http://www.who.int/healthpromotion/conferences/previous/ottawa/en/index.html。

创造并归属于共同体

与团体内的同伴共事可与核心素养"参与和贡献"的相关维度建立起联系，这个核心素养要求个体积极参与到团队之中，并建立起明确的归属感。"参与和贡献"也要求学生建立与新社群（学校内外）之间的关系，并创造作出贡献的空间。为他人创造空间不仅仅是让他们发表自己的看法。它要求学生暂时搁置自己的计划和知识，以便他人有机会贡献聪明才智，从而使团体目标更有可能实现。为促成这一点，学生需要了解何时领导，何时由他人来扮演这个角色。

在环境俱乐部和青年健康委员会的例子中，学生团队亲身经历了某些有助于倾听和思考不同观点，并能平衡不同团队需求和愿望的策略。环境俱乐部中的学生设计方案使学生和教师将自己的观点贡献给学校地图。随后环境俱乐部的学生也考虑了同伴的利益并选择一系列建议予以实施，力图公平地兼顾各方利益。学生也与校外人员一起构建了新的社群。经由成人的协助，环境俱乐部的学生与校外可提供专业建议的人建立了联系。青年健康委员会中的学生也同样如此。作为年龄稍长的学生，他们有能力建立或维系新的联系，并与外界团队处理好关系。

思考价值与伦理

对于同一个议题，每个社群或团队都会有截然不同的视角或价值立场。这些差异决定了他们可能会采取与该议题相关的不同行动。为了平衡不同团队的需求及视角，年轻人需要了解不同行动背后的不同立场，并发展对未来进行和伦理、公平思考的能力。对不同立场的了解非常重要，尤其是在思考针对复杂问题的解决方案时，因为后者没有唯一正确的答案，某些解决方案可能会使一些团体陷入不利的处境。伦理性思考就是要建立起社会正义的意识，权衡不同解决方案的含义，思考这些方案反映了哪些人的利益，并努力寻找照顾处境不利群体需求的解决方案。发展学生进行伦理性思考的能力也可使他们在集体中保持自我意识，由此避免被洗脑或被"团体思维"淹没。[①]

批判性、创造性地思考全局

对于环境俱乐部和青年健康委员会的学生而言，为未来创造新的愿景或优先活动可使他们批判性地思考学校当前促进健康和幸福（无论是对个人还是环境）的方式以及哪些方面可以改进。批判性思维可启发我们检视当下的社区或社会是如何促进我们过上体面生活的。这会对我们目前视为当然的观点或实践构成挑战。创造空间对这些理所当然之事进行思考的途径之一便是使学生对熟悉的事物陌生化。我们会在下一章中再次回到这个问题上来。

环境俱乐部的学生所确立的愿景和优先事务被称为创造性思维。这些优先事务反映了学生对支持个人健康和幸福，以及可持续利用本地资源的愿望。例如，种植果树便是长期计划的一部分，这个计划包含至少四个方面的不同目标。包括 Sunsmart（太阳保护）项目，旨在休息时刻提供防晒和防大风的场所；提供水果支持学校的健康饮食计划，这个计划是解决低收入家庭食品安全问题的途径之一；改善学校的土壤，支持本地的植树项目。其目标在促进个体健康的同时也促进环境的健康。鼓励学生思考这些目标的本质，可以为教师引入某些系统思维的观点（在第四章中有所讨论）创造机会。

---

① 约翰逊（Johnson）和毛瑞斯（Morris）（2010）概述了发展集体意识的意义和挑战。其中一项挑战是避免"团体思维"，即个人想要达成共识的愿望会压制其畅所欲言的能力，即便他们认为集体行动不太可能奏效或者会产生有害影响。与之相关的另一项挑战被称为"从众心理"，在戴维斯（Davis），苏玛拉（Sumara）和鲁丝嘉柏拿（Luce-Kapler）（2000）的文章有所讨论——指的是人们本能地追随别人，导致做出有损自己（Hines & Binshop，2006）或他人的行动，而不是相信自己的判断。

个人和集体性的力量

在环境俱乐部和青年健康委员会的例子中，基于行动的思维使学生感受到了个人和集体的力量。这些学生将自己视为可对当前世界作出有意义的贡献的人。环境俱乐部的学生拥有强烈的赋权感和身为团队成员的集体自豪感。学生告诉我们做"真实"的事情对他们而言有多重要。那些学校活动也点燃了他们追求校外事物的热情和兴趣。青年健康委员会的学生则通过早期的项目发展了自信和能力，并借此寻求对外的联络，从而吸引了更大范围内的个人和团体参与到变革之中。

工作过程中的起起伏伏在共同开展项目时是不可避免的。绕过路障行走需要信心、积极的态度、坚持和领导力。促使环境俱乐部和青年健康委员会项目得以实施的学校都提供了支持，使学生以清晰界定的方式进行工作。教师或成人的支持对于学生的年龄和所处阶段来说是适宜的。这些集体项目旨在为学生带头前行创造更多的空间。这意味着学校需要进行更加开放的课程规划，提供更长的时间。

○　学习领域的挑战：将批判性的集体行动与学习领域联系起来

就我们的经验而言，集体行动意义上的活动经常处于常规课程（选修课程或课外活动）规划的边缘地带。这就表明课程规划是受下列观念所驱动，即学校学习是为了使学生准备好在未来扮演积极公民的角色。在这个框架下，作好准备即意味着了解社会是如何运作的，如此，学生则能在未来的某个阶段应用所学知识。提供给年轻人参与到集体行动的机会则能改变这个框架。如今由于这些学生能对世界作出贡献，因而是积极的公民——他们不需要再等到未来了。[1]

新西兰课程的各个学习领域或学习领域的各个方面，为作为积极公民的学生进行变革提供了许多空间。在集体工作的过程中，学生通过知识、技能、价值观和心理倾向的运用来展示和发展各类核心素养。本章中的环境俱乐部和青年健康委员会的例子，应用了与"健康和身体教育"学习领域的"健康社区和环境"部分相关的内容知识与方法。环境俱乐部也与可持续教育和环境教育有密切联系。[2] 聚焦可持续性则为学生提供了横跨多个领域的学习机会。其他学习领域如社会科学或艺术，也为学生以观点挑战的方式合作共事提供了空间，并发展了学生的公民意识和社区健康意识。但这绝不是全部的例子。这些机会可以发生在每一个学习领域。

我们的学习也需要跨越学习领域的边界。棘手问题有多个内在关联的原因、影响和解决方向，它们都跨越了许多学习领域。所以学生可以从情境学习中获益，从而促使他们思考一系列原因和影响，并利用不同学习领域的方法和知识来寻找问题的解决方案。[3]

○ 作为积极公民的学生：为了现在和未来的素养

在本章我们探索了集体批判性行动的多个维度。新西兰课程提供了以设计

---

[1] 为了解更多以不同方式思考学习者角色（作为积极公民的学习者或作为准备着的学习者）的信息，可参见 Boyd 和 Hipkins（2012）以及 Boyd（2013）这两个文献。

[2] 在新西兰课程中，可持续性是聚焦未来议题的一个例子。聚焦未来是相互交叉的主题。与这些主题相关的学习经验可激发丰富的学习经验，因为它们倾向于要求学生做出跨学习领域的联结，并将课程中的价值观和核心素养联系起来。

[3] 新西兰小学中综合多个学习领域的例子可见于 Fraser，Aitken 和 Whyte（2013）。国际背景下的中学例子可见于 Apple 和 Beane（2007）。

集体学习经验来促成变革的空间——如果我们选择以这种方式来理解课程的话。当前，使学生投身集体行动的优先权是不同的。其原因可能是人们对学习者和教育目的的观点有异（如把学生当成是准备着的公民还是此刻的积极公民）。

　　这本书是关于未来的核心素养。新西兰课程告诉我们应创造学习经验使年轻人促进新西兰社会、文化、经济和环境的健康发展。将集体主义视为课程、教学和评价不可分割的一部分，能够扩展我们关于学习经验的观点，这些学习经验有助于学生发展创造变革所需的能力。通过学校中的工作，我们发现越来越多的学生投身于深思熟虑的、自主性的集体行动之中，其意义在于将当下的世界建设成为一个更好的世界。我们与许多学生交谈过，发现他们在描述那些真实体验的时候眼睛是放光的。这些活动经常使学生对自己的学校和社区产生强烈的归属感。它们能使那些对学校有厌烦情绪的学生重新参与进来。但是这些集体行动经常处于课程的边缘位置。我们希望新西兰的教师能在这些例子的基础上继续努力，这样它们就能成为课程学习的一部分。然后我们将进一步关注对体面生活的"参与和贡献"。

第七章

未来建设型教育者的核心素养

学校迅速拥抱未来

　　　　　　"了解信息的、深思熟虑的公民"

　　　　　　　　正面临消失的危险——学术

学校面临困境

更多的学生寻求帮助

　　　　　　　　　崩溃的教育：

　　　　　　　　我们如何解决这个问题？

图 7.1　新媒体标题

○　重思学习的未来

　　快接近本书的尾声了。我们知道自己已经触及了许多挑战性的领地，处理了许多复杂且具有高度政治色彩的议题，例如气候变化、食品安全、社会和经济不平等，并且也揭示了过上体面的生活是何意。尽管这些议题不是学校围绕核心素养进行对话的常见对象，但我们有理由将标题中的那些争议性的故事拣选出来并整合成这本书。如果教育是帮助人们过上体面的生活，创造我们想要的生活于世界的重要工具，那么我们认为学校就应该讨论这些议题以生成新的学习机会。

在本书中，我们试图通过审视那些能发展学习者能力的学习活动，与学习者应用这些能力来应对某些长期挑战之间的联系，来持续关注"面向未来的核心素养"。我们穿插了一些实践故事，并分享我们关于学校应如何支持年轻人，使他们变得有自信并有能力处理一系列棘手问题的看法。但是本书并不提供如何行动的指引。如果你是一名教师或学校领导，我们希望这儿提出的看法与例子能帮助你反思自己所在学校的实践可能性。如果你是一名家长、学生或任何一位对教育有兴趣的人士，我们希望本书能帮助你展开关于未来学习的更丰富的对话，并主动寻找途径来支持那些试图实现这些想法的人。

说到"你们"，在本章中我们想把焦点从学生的素养转移到你们的素养（和我们的素养）。为支持学生进行深度的、变革性的、有助于发展素养的学习，我们会检视其中面临的一些问题。为提供进行这类学习的环境，我们需要具备哪些素养或能力？为转变大范围的结构与系统，使之能塑造、支持和产生这些学习环境，我们的责任是什么？在我们处理最棘手的问题时，这些问题不断浮出水面：为了创造更美好的未来，我们应如何重新想象和再教育自己，以及我们的教育体系与结构会面临怎样的挑战？

○ 我们的教育系统能发生转型吗？

让我们走近一步看看这个棘手的问题。教育理论家早就指出现在的学校教育并不能满足和支持 21 世纪的学习需求。[1] 网上有各种视频、播客、博客，讨论 21 世纪的教育应该是什么样的、不应该是什么样的。[2] 大家有某种程度的共

---

[1] 参考下列文献，如吉尔伯特（Gilbert）（2005），伊根（Egan）（2008），克雷斯（Kress）（2008），和里德比特（Leadbeater）（2011）等。
[2] TED 演讲（如肯·罗宾逊爵士广为人知的"学校是如何扼杀创造力的"）即对此作了重要说明。

识，即变革是需要的，但是究竟需要变革什么、如何变革呢？在后面这些问题上大家观点各异。所以下列现象并不奇怪：公共领域中有许多人发出转型性变革的呼吁（跟我们的想法一样），也存在更广泛的被接纳的声音与信念，即应强化现有的教育实践、系统与结构，尽管它们已经不再像过去那样紧密相关或符合其基本目的。我们能否以集体的力量切实改变我们的教育系统，使之朝着有勇气、真正聚焦未来的方向发展呢？需要开展大刀阔斧的变革，还是在边缘地带修修补补，以小步调的方式逐渐改进我们所做的事呢？

我们认为应采取小步调的方式。但是为了发挥更大的作用，它们必须与大方向的思路联系起来。其中一位来自英国的知名教育评论家指出，为发动真正转型性的变革，"我们必须就'应提供怎样的学习'这个方面达成新的共识"，一个家长、儿童、教师和政策制定者都能认同的共识。如果我们能一起处理这个棘手问题，或许我们能做点什么更有意义的事，以造就一个更美好的未来。但"更美好"究竟是什么意思呢？为了谁更美好，为了什么？我们该如何联手？是需要建造新的或完全不同的学校吗？改变课程？开发界定和评价学习的更有效方式？对教师专业学习和发展提出新的看法？在学校中融入更多技术？一刀切去学校化①？同任何一个真正的棘手问题一样，它们的答案同形成问题的方式一样多。那我们该从何处着手？

◇ 建设未来，而不是预测未来

在某种程度上，我们认为无论从何处着手，都是一样的，我们都需要检

---

① 维基百科中对去学校化是这样定义的："去学校化是由教育哲学家和另类教育、家庭学校提倡者们共同提出来的，尽管在不同情境中它的定义有所不同。伊万·伊利奇（Ivan Illich）在其 1971 年的书籍《去学校化社会》（*Deschooling Society*）中将这个概念发扬光大了。"

视有关未来的概念，并讨论面向未来的教育目的究竟为何。凯瑞·费舍（Keri Facer）捕获了我们的想象，她呼吁学校和社会将自身的责任定位于建设未来，而非"预防未来"。[①] 预防未来是指提前做好计划，以推迟未来会发生的可知的或不可避免的消极后果（非常像我们为防止风暴的袭扰去搭建遮雨棚）。然而，"建设未来"[②] 这个概念却会给我们呈现一个截然不同的故事。在此，未来对我们而言并不仅仅是将要发生的事，也是我们可以使之发生的事。当然，预防未来和建设未来都会认为未来在某种程度上既是可预测的，也是不可预测的。其差别在于"建设未来"意味着我们有权利和能动性去创造一个我们想要的未来。但正如费舍所指出的，这不是让我们持有"愚蠢的乐观精神"，认为所有事都能朝最好的方向发展。也不是让我们实际地假设，我们设想的任何一种未来都绝对会实现，因为（事实上只有）某些未来相对而言更有可能实现。专业的未来学家擅长对未来"可能"发生的事进行严谨地分析与预测，但是任何一个称职的未来学家都会迅速反驳这样的看法，即他们能确信无疑地预测未来。他们会规劝你理解预测可能未来的两点目的。其一，预测未来有助于确认将来可能会发生什么（在我们用现有知识进行预测和再预测时，会将重点从"确定的可能未来"转移至"多种可能的未来"）[③]。其二，预则将会发生什么有助于厘清我们"想要"发生什么。认真勾画一个可期待的未来能帮助我们（至少在理论上）重

[①] 凯瑞·费舍在她 2011 年出版的书《学习未来：教育、技术和社会变革》（*Learning Futures: Education, Technology and Social Change*）中对这个概念进行了详细阐述。我们也建议观看下面这个 15 分钟的视频：http://www.youtube.com/watch?v=D_EcMTRKt8k。

[②] 有些人不喜欢"建设"或"建构"这个在教育演讲中经常用到的隐喻。我们并不觉得这些词有什么问题，如果你觉得不行，或许你会想到其他更适合你的隐喻，如绘画或雕刻未来，想象和实现未来，扩展未来等等。

[③] 若要了解更多关于未来预测的信息，我们推荐您看下列两本书：《思考未来》（*Thinking About the Future*）（Hines & Bishop, 2006）和《教未来》（*Teaching About the Future*）（Bishop & Hines, 2012）。

组正在做的事情，以最大可能地实现它。[①]

○　面向未来建设型教育者的核心素养

　　为确认我们想要的未来并有计划地实现它，我们需要哪些个人的、集体的能力？关于学习的未来，我们至少可以达成某种程度的共识，即我们需要在教育系统内为每个人提供更好的机会——从教师和学习者到家庭、whānau（家族）、社区、教育政策领导者到其他有影响力的人——主动与他们讨论关于教育和未来的观点、期望、经验和理想。这就需要我们养成第三章中所讨论的能力：与不同个体和多元观点和谐共处的能力。在那里，我们看到与不同人群和观点和谐共处是具有挑战性的，因为它是价值负载的，经常要求人们调整或改变自身的观点，或者有的时候放弃某些在个人看来具有优势的观点。第三章中所描述的学习者的能力和能力建设的学习机会，也与未来建设型教师是相关的。我们都需要有能力谈论别人谈论的东西、站在他人的立场上思考问题等。我们也需要具备帮助他人做同样事情的能力。

　　成为一名未来建设型教师也要求我们进行深入的思考。但是需要哪些类型的思考呢？预测不一样的未来需要进行严肃的分析性思考，但也同样需要想象性思考。许多人和组织都使用系统的分析性预测和想象性方法，为未来的学校教育开发不同的可能场景。[②]同时还有很多书籍和材料可帮助我们避开这些种类

[①] 未来学专家彼得·毕晓普（Peter Bishop）博士认为未来学的首要目标是理解变革，以便有能力描述期待的和其他看似合理的未来状态。第二个目标是影响变革，即在利用已有资源的情况下，为我们自己和他人带来最美好的可能未来（Bishop，2005）。

[②] 这包括联合国教科文组织的21世纪教育国际委员会（Delors，1996，1998），OECD的DeSeCo项目（Rychen & Salganik，2003），新西兰中等未来项目，一个相似的英国项目即"教育未来"（edfuturesresearch.org）和许多其他项目。参见Bolstad等（2012）。

的思考方法。[①] 就目前而言，我们将检视一个创造性的领域，这个领域想象并详细描述了不一样的未来，即科幻故事。（稍后我们会回到未来教育的文献中来。）

○ 为什么关注科幻故事？

我们审视科幻故事的目的并不是为寻找那些未来应怎样的观点，而是为描述人类在思考未来时会发生哪些有趣的事。在某些时候可以尝试一下，闭上眼睛，想象一下 30 年后的周二上午一觉醒来的情景。映入你脑海中的是什么？你在哪里？你是谁？你看到和听到了什么？周围的事物看起来是怎样的？哪些是熟悉的，哪些是不同的？

未来学家、科幻小说家、广告商和艺术家知道人们憧憬未来时，会倾向于像魔术般创造出混合不同画面、观点和感受的折中物。此外，我们所有人都会倾向于在不同画面和感受之间随意切换，我们生活中的某些部分被关于未来的某套观点（比方说认为未来会越来越好）主宰，而生活中的另外一些部分则受另一套观点（比如担心我们在朝环境破坏或社会崩溃的方向发展）控制。[②] 我们多数人会在大多数时候静静思考自己的日常生活，并在许多关于未来的不同观点之间摇摆不定——那么为什么不呢？未来是尚未书写的。最终我们会在事物变成现实时了解它们是怎样逐渐发生的。我们有必要关注自己的想象是否有用、是否精准和前后一致。在此，我们需要锚住自己以避免被动地漂向未来——如

---

① 除了这些已经注释的资源外，我们也推荐读者花更多的时间浏览"元未来"网站 http://www.metafuture.org/，以及"为教育者设计思维"网站 http://designthinkingforeducators.com/。

② 这个概念我们是从未来学研究专家詹姆斯·达多（James Dator）教授那里引用来的，他认为所有关于未来的映像都可以归入四个核心范畴，即持续生长、崩溃、纪律严明的社会和转型。他的观点是吸引人的并且可接近的。可以阅读达多的书籍《未来的四类映像》（*Four images of the future*），或在新西兰未来信托基金网站上观看他的演讲视频。

果我们的想象能帮助我们创造出一个真正想要的未来并向前推进，那么我们如何设想不同的可能性就意义重大了。

科幻小说向我们揭示了一条通往想象性过程的道路。科幻小说作家因超越现实的各种可能限制，因而有想象世界的充分自由。科幻小说之所以引人入胜，是因为作家不仅仅以片段的方式想象未来。他们想象一个完整的世界或世界体系，以及居住在那个世界中的人物，借助他们的视角，我们也居住并体验那个世界并感知它们之间的内在关系。所以我们以深刻的方式审视那个想象体系的不同要素之间是如何相互作用的——未来社会是如何被建构起来的；其人物角色的政治、技术、信念和实践怎样；生物和技术之间的关系为何；等等。艺术模仿生活，反之亦然。科幻小说（小说，或其他任何一种艺术形式）也能帮助我们辨认出当前信念、习惯和条件的某些方面。通过小说来检测这些观念有时会使我们更容易进行批判，甚至是抵制。①

就未来教育而言，这恰恰是它有趣的地方。令人惊奇的是，科幻小说作家经常向我们呈现截然不同的社会面貌和科技世界，我们在其中发现许多关于学校和教学的传统乃至刻板的描述。让我们以两个故事为例：欧森·斯考特·卡特（Orson Scott Card）的《安德的游戏》（*Ender's Game*），尼尔·斯蒂芬森（Neal Stephenson）的《钻石年代》（*The Diamond Age*）。我们知道也许还有其他科幻小说会对未来的学校和学习呈现出更富创造性和启发性的理解。或许你自己已经阅读或看到过这些有趣的片段。② 我们选择这两个小说的目的是为了提出某些启发性的问题让你可以应用在自己关于未来的思考中。

---

① 其他关于科幻小说和未来教育的讨论，可参见安德鲁·吉本（Andrew Gibbon）的文章《啊，宁静……关于未来的荒谬想法》。

② 如果你有某些好的例子，请发邮件给 rachel.bolstad@nzcer.org.nz 或者在 www.facebook.com/ ShiftingThinkingNZCER 上面发一个讯息。

表 7.1 安德的游戏

安德的游戏

在桌子上学习，还是进行没有引力的学习？

《安德的游戏》是 1985 年在学生中流行的一本小说（2013 年时被拍成电影）。它讲述了在幻想的未来，人类穿梭于不同空间，并与巨型昆虫这类异星物种交战。地球被一个军事组织"国际舰队"统治，他们使用植入设备监视地球上的儿童，以寻找那些具有特殊禀赋和天资的人才。其中一个儿童是一名叫安德·维京的男孩。请看一下在本书开头作者是如何描述安德所在的学校课堂的。

下课铃响了，学生们有的关掉了电子桌上的屏幕，有的仓促地往里面输入备忘录，还有的往家中的电脑传输作业或数据……安德把手放在电子桌边沿的小型键盘上，想着如果一个大人用这种小型键盘会是多么笨拙，当然他们用大键盘——但他们粗壮的手指怎么能划出如此精巧的线条呢？安德可以。他划的线条是如此精细，它可以从屏幕的中心向边沿绕七十九个圈，而不会发生线条之间的任何碰触或重叠现象。当教师在讲授算术时，他就是这样来消磨时光的（Card, 1985, pp.5-6）。

上面这幅场景并没有将未来的学校描绘得特别令人鼓舞（更糟糕的是，在接下来的几段文字中，安德放学后被一群学生欺凌）。读下去我们才发现只有在离开学校之后，安德真正的学习之旅才算开始。第二天，安德就被带离学校（令他欣慰的是，终于可以远离那位上课单调的数学老师了），被送到一个完全不同的学习机构"地球轨道上的精英战斗学校"。这所战斗学校向我们展示了另外一幅场景，它是一所遵照严格秩序和纪律建立起来的军事学校。比较有趣的是安德和其他儿童在该学校学习的方式，特别是在"战斗房"里。

学校设计了一个仿真的模拟战斗游戏，让学生们在三维空间中进行零引力飞行。在"战斗房"里，安德成长为一名复杂的、深思熟虑的、有德行的领袖，其行动最终改变了整个世界，这是这个科幻故事最中心的内容。

　　《安德的游戏》这本书的作者欧森·斯考特·卡特解释关于战斗房的想法是在阅读第一次世界大战训练空战飞行员的故事中形成的，这些飞行员面临的挑战是必须在三个维度上学会快速思考：

　　"我读到……对于一战的飞行员而言，首先面临的困难便是如何向上和向下看，而不仅仅是向左和向右看，这是为了便于发现空中接近他们的敌人。**如果完全不会以向上和向下的方式去思维，那么事情会恶化到何种境地呢？**"（Card，1985，p.xii，粗体为本书作者所加）

　　这个扣人心弦的观点激发了他的想象——如果传统的向上向下看的观念不适用，空军指挥官会以怎样的方式思考空中运动呢？战斗房开始在他的脑海中形成。几年后他围绕这一点构建出故事情节和人物角色，《安德的游戏》就此诞生。

　　欧森·斯考特·卡特构想出了一整篇小说，期望通过一个完全仿真的游戏的学习经验，让人们进行无引力思考。但是他向我们呈现的关于普通学校的画面是非常单调的：声音低沉的教师，坐在桌子边上的学生，非参与性的课程。为什么会是这样一幅画面呢？你或许会注意到《安德的游戏》的出版日期，并进一步推断出卡特描绘的地球教室有点像 1985 年的教室，战斗房则有点像计算机游戏的学习环境，这种环境可能会对 1985 年的学童产生极大的吸引力。[1] 作

_____

[1] 有些教育游戏在学校和教室中得到了应用，但是关于将仿真游戏和模拟应用于主流教育研究、课程和评价设计、课堂实践之中所具有的深度学习潜能、影响和情境性的研究及开发，（转下页）

者本人倾向于这本故事书肯定了儿童的人格——"即便是作为永恒的、自我更新的社会底层学生，也无法逃离成人的决定，直至自己长大成人为止"（Card，1985，p.xx）。《安德的游戏》可视为对冷战的政治批判，书中有许多解释。所有这些都强调一个事实，即科幻故事中关于未来的构想是作者生活的时代和情境以及他们个人想象的结果。它们也是作者作出有意选择来建构自己想要陈述的故事的产物。在我们自己进一步思考教育的未来时，这些都是我们需要考虑的重要观点。我们后面会谈到这点，在表 7.2 中我们来看看另一本书，尼尔·斯蒂芬森的《钻石年代》。

表7.2 钻石时代

钻石时代

纳米技术和被规训的儿童

尼尔·斯蒂芬森的《钻石年代》是 1995 年出版的一本计算机科幻小说，它描述了一个纳米技术与高度分层、全球化的社会充分融合的未来世界。民族、国家消失了，世界各地的民众从属于拥有不同价值观的"宗族"或部落，并通过公认的经济贸易协定共存。其中一个宗族叫新维多利亚人，这是一个遵从 19 世纪某些社会价值观和习惯的高科技团体，他们喜欢"稳定的社会模式"远胜于近几个世纪的社会习惯，因为他们觉得后者"一点仿效的价值都

（接上页）就我们的观点来看，是非常有限的。斯关（Squire）（2006）指出游戏环境是建立在"存在和做事"的语法逻辑上，而更令人熟悉的是，学校学习这个概念只是被当作知识来传授和吸收，两者之间形成了鲜明的对比。让人感到欣慰的是，游戏开发行业近来已开始转向"严肃游戏"的范畴（Michael & Chen，2005），这类游戏拥有非常明确的、设计精良的教育目标，游戏化的概念——将游戏思维和游戏方法应用于非游戏情境，使学习者参与到了问题解决之中（参见 Gee，2003 和 Squire，2011）。

没有"（p.24）。在《钻石年代》的世界中，"纳米科技已经使得一切事情皆有
可能"（p.37）。但是在这个世界中，我们再次看到了学校教育的传统刻板印
象，并投射到未来社会之中。例如"一排排穿着制服的学童"（p.7）服从于
某种课堂教学的方法。用一位故事角色的话来说，是"一种折磨，从头到尾
不得不坐着，以便体验课程中的有趣部分"（p.316）。新维多利亚人对19世
纪英国传统的偏好延伸至对学生的体罚（尤其是那些不守规矩的学生），用委
婉的话来表达就是星期六上午的"增补课程"班。

"每周六，奈尔（Nell）、菲奥娜（Fiona）和伊丽莎白（Elizabeth）都会在7
点钟的时候到达学校，他们走进教室，坐在前排的两张相邻桌子边……教室里
无论什么时候都没有老师。他们认为自己随时处于被监控的状态，但是他们永
远不会真正知道。当他们走进教室之后，每个人的桌子上都会有一堆书——用
磨破的皮革包起来的旧书。他们的工作就是手抄这些书，并将页纸整齐地堆放
在斯特莱根（Stricken）小姐的桌子上，然后就可以回家了。"（p.317）

《钻石年代》这个故事清晰地表明这些教育学童的方式与技术上可以实现
的方式毫无关联，但对新维多利亚人来说却是那种可期待的、最适宜社会的
方式。这些新维多利亚人的教育方式，以最好的话来说，是过时的；用最差
的话来说，则是惩罚性的、压迫性的。那么作为一个故事，它可信吗？你能
想象到在未来人们可能会向往回到过去的教育传统中，以消除对现实社会和
科技状态的忧虑及厌恶吗？

或许可以不准确地说，《安德的游戏》和《钻石年代》的作者们通过小说
中的描绘，真的认为未来的学校就是单调的、迂腐的和惩罚性的。更可能的
是，这些对学校的刻板描绘是作者故意的，因为它们在传统的戏剧套路中扮演

了重要角色：一个大胆的儿童，在一个单调的或压迫性的学校环境中接受教育，他（她）拒绝被旧体制规训，转而开启自己的生活学习之旅——在传统学校以外——从而使他（她）成为自己故事里的英雄。[1] 这些故事情节告诉我们，作者所认为的"真正"有力的学习应该是怎样的，以及如何才能使它发挥最佳作用。在《钻石年代》中，主人公是一名叫奈尔（Nell）的年轻女孩。你可以看到她是上文描述的新维多利亚学校课堂中抄写文本的女学生中的一员，但是这个场景发生在书本非常后面的部分。表7.3将我们带回到本书稍前面一点的地方，在奈尔的这段生活中，我们会发现她在学校边界之外开始踏上转折性学习之旅。

表7.3　颠覆性学习和对"有趣人生"的追求

颠覆性学习以及对"有趣人生"的追求
奈尔的故事
奈尔是一名来自社会底层的"雇工阶层"的女孩。在《钻石年代》的较早章节中，她突然拥有了一个神秘的互动工具，这个工具有着一个非常老派的名称，即"年轻女人的插图版入门书"，且它与正规学校教育系统没有任何关联。这本书的设计风格非常适合年轻读者，它会对奈尔的生活环境作出反应，由此发展出一个根据需要能自动调整的个性化课程，即以一个连续故事的形式呈现，帮助奈尔在特殊时刻学习所需要的任何知识与技能。对奈尔来说这简直棒极了——事实上它可能救了奈尔的性命——但是这本入门书

---

[1] 这种故事情节出现在经典的英国教育小说（成长性小说），如《简·爱》（*Jane Eyre*）和《雾都孤儿》（*Oliver Twist*）（只不过孤儿奥利弗是在教养院而不是在学校），以及罗纳德·达尔（Roald Dahl）的《马蒂尔达》（*Matilda*）（一位名叫哈尼的女教师为马蒂尔达提供了他所需的培育性学习，尽管女校长特伦齐布尔塑造了一个暴虐的、敌对的校园环境），以及许多其他童书和青年著作中。

是从哪里来的呢？碰巧的是，这本书是由亚历山大·芬克尔·麦格劳（Alexander Finkle-McGraw）大人发明的，此人是位于社会高层的新维多利亚人，他特别期望能颠覆自身文化占主导的教育范式。他的教育哲学是：教育应该引导学习者迈向"有趣的人生"。正如他在本书中对另一名角色所说的：

"为了培育下一代儿童，使他们的潜能得到完全释放，我们必须寻找让他们的生活变得有趣的方法。哈科沃斯（Hackworth）先生，我想问的是，你觉得我们的学校实现这个目标了吗？或者说这些学校就像沃兹沃斯（Wordsworth）所抱怨的那样（糟糕）吗？"

很显然，芬克尔·麦格劳认为新维多利亚学校没有支持学习者迈向有趣的人生，所以他决定自己创造某种东西——即入门书——来为自己的孙女伊丽莎白实现这个愿望。入门书从来不是为下层阶级的儿童如奈尔设计的，但是不合法的复制版却意外地落入奈尔手中，于是它就永久地改变了奈尔的人生轨迹，以及一系列其他关键人物和整个社会体系的命运。

　　《安德的游戏》和《钻石年代》的作者们似乎选择向我们呈现一个令人沮丧的、保守的未来学校的形象，但自相矛盾的是，这促使作者们为奈尔和安德编织出一个更令人渴望和激动的、个性化的、迁移的学习之旅。① 在这两本小

---

① 在两本书中，成人建构另类学习环境的独特目的在于滋养年轻角色们的天赋并支持他们通过真实的、挑战性的（有时甚至是危险的）体验来发展自身的潜能。这些学习机会激发了奈尔和安德的天赋，使他们成为有能力并采取行动改变历史进程的人。但是在安德的例子中，操控安德及其学习环境的成人也有一个无情的工具性目的：安德能完成"国际舰队"安排给他的使命（即摧毁外星敌人），尽管安德要付出大量的个人努力。游戏制造者权力极大，他们逼迫孩子们进入真实或虚拟的游戏场景之中，以操控他们达到制造者们的目的。这一点在许多其他故事中也昭然若揭，包括《饥饿游戏》（*Hunger Games*）书籍和三部曲电影，低成本运作的加拿大科幻电影《异次元杀阵》（*Cube*），以及《角斗士》（*Gladiator*）等，这点由人类相互之间制造这些恐怖的历史现实所强调。

说中，故事之间关于教育目的的巨大张力引发了一系列深刻且长久的讨论。在这些书中，许多成人角色的核心目标是对学习者进行规训、控制和标准化，而其他人的目标则是赋权学习者发展自身独特的天赋，并借此挑战乃至改变现状。教育的目的是再生产目前的社会，还是去改变它？教育应该用来帮助人们过上更有意思或令人满意的生活，还是过上一种有利于增进社会价值的生活，还是两者皆有呢？两者之间的平衡在哪里？当我们所有人都希望发展新的学习环境和机会，以使学习者过上更好的生活时，我们是将所有的学习者都考虑在内了吗，抑或仅仅是那些对我们来说熟悉的或相似的学习者——又或者是那些觉得自己"应该"过得更好的、有天赋的、享有特权的少数学习者？我们提出这些问题的目的不是为了给读者答案。它们没有简单的答案可以回应，但是这些问题是我们每个社会成员都需要思考的，它是关于未来教育发展方向中广泛对话的一部分。

重要的是人们不仅仅是在抽象层面上来开展这种对话；我们都需要将其作为集体工作的一部分，想象和创造新的途径来支持指向建设未来的学习。[①] 无论你是否是一名科幻作家，你对未来最富有想象力的构想都会包含那些你想要保留或投射至未来的硬核。问题是你在转向某些理论、观点和假设时在多大程度上是有意识或无意识的，你又愿意在多大程度上挑战或质疑这些理论、观点或假设？作为未来建设型教育者，我们都需要以一种愉悦的心态向自己提出这些问题，也要帮助别人来提出这些问题。

[①] 关于教育目的存在一个更大范围的公共讨论，对于这场讨论的分析可见于英国未来学习家大卫·普莱斯（David Price）的书《开放：我们如何在未来生活、工作和学习》（*Open: How We'll Live, Work, and Learn in the Future*）。

○　严谨的想象和未来建设型学校

让我们离开科幻故事，返回到教育学者凯瑞·费舍的观点中，她为"未来建设型学校"的视角提供了一些建议。她指出，这种学校：

严肃地承担起自己的责任，不仅帮助学生为未来作好准备，而且意识到促进未来成功的传统措施……对驱动学校保障学生和社区未来的幸福是远远不够的。相反，它需要一些更具刺激性（尽管也会更具挑战性）的任务，以便与学生和社区一起讨论正在发展的未来和他们想要的未来之间有何异同。它将自己视为学生和社区的合作伙伴，共同形塑关于可变未来的愿景；它也将自己视为发展和建立这些愿景的资源。①

费舍建议学校及其社区进行"严谨的想象"，吸收关于未来不同观点的种子，不断向前推进，看看它们究竟引导人走向何方。正如我们已经看到的，通过故事来发展这些观念，并以可信赖的角色进行推广，是帮助我们设想出一个关于未来的更全面观点的途径之一。②费舍认为，不管我们怎么做，重要的是有能力"在情感上占据"想象可能未来的空间。她说到了点子上。所有人都必须严肃对待思考未来的情感维度，因为它在我们思考未来的默认情境中扮演重要

---

① 参见 Facer（2011），p.107。
② 费舍（2011）将这种方法呈现在《学习未来》（*Learning Futures*）的第八章中，她在其中想象了 2035 年的学校，借助一位陪伴女儿度过第一天学校日的母亲进行叙述。也可参见凯瑞·费舍在《教师的研究信息》（*Research Information for Teachers*）第 1 期中出版的答疑部分。在同一个特刊中，浩特瑞·巴尼斯（Hotere-Barnes）、布莱特（Bright）和亨特肯斯（Hutchings）设想了一种学校教育的全社区路径，旨在支持毛利语的振兴，并支持原住民家庭实现教育愿望。也可参见 Bolstad（2008）这篇文献，其中作者以一名学生的视角呈现了 2030 年高中学习的情形。

角色——不管这种情感是恐惧、焦虑、充满希望和喜悦的乐观主义，抑或是未来学家理查德·斯洛特（Richard Slahghter）所谓的"偏爱知道的、避免不知道的人类内在倾向"。[①] 斯洛特指出这种现象在当今时代极为普遍，这种"内在于人性的保守主义显示出我们所有人都想要接受事物的当前面貌，且为了保持这种面貌有时我们也会释放出积极的信号，提醒我们前方存在非常真实的危险。"[②] 斯洛特和其他教育未来学者呼吁我们醒过来，仔细审视一下我们将要面对的可能未来，摆脱那种把头埋在沙子里的冲动，继续想象和创造我们想要的未来。我们能做到这一点吗？我们认为可以，否则就不会写这本书了。我们也认识到，作为未来建设型教育者，我们需要积极培养自身的复原力，以适应这个复杂且具有挑战性的时代（在本书的较早章节，我们指出复原力是"自我管理"这个核心素养中非常重要的一个维度）。为了进一步阐述这个问题，我们会在表 7.4 中讲述另一个故事。这个故事并非是科幻故事。它取材于真实的生活，但来自一个截然不同的领域：工程学专业。

[①] 参见 Slaughter (2010), p. 19。

[②] 某些研究指出在对未来作出情感回应之时，我们的思想很容易受系统误差的影响。吉尔伯特（Gilbert）和威尔森（Wilson）解释道，我们的大脑会对未来事件产生精神刺激（他们使用电影筛选测验做类比），而大脑的另一个系统则将刺激作出情感性的反应（类似于一个观众测验，以了解他们的反馈）。思想使用这些刺激和反应生成预测，以揭示在事件真正发生时我们的真实感受。问题是，有些系统性错误既是产生精神刺激的方式，也是一种"观众测验"的反应方式。丹·亚雷利（Pan Ariely）的书《可预测的非理性》（*Predictably Irrational*）（2008）提供了进一步的证据，表明我们对未来（甚至是短期的）作出决策的能力，是有内在缺陷的，但在某种程度上是可预测的。

表 7.4　过渡工程学

过渡工程

类似未来建设型教育者吗？

2013 年年初，我们和苏珊·克罗姆黛克（Susan Krumdieck）教授在一个期货市场碰面。苏珊是一名坎特伯雷大学（University of Canterbury）的过渡工程师。什么是过渡工程师？苏珊解释道，就是像她这样关注可持续发展的工程师，常年都在努力寻找不同的解决方法，推动当前这个依靠矿物燃料和碳排放的系统向一个更可持续、少破坏性、低碳能源型未来的方向转变。但是我们迄今仍未解决可持续生活的问题。过渡工程学这个新兴领域关注我们如何从现状出发，前进至环境科学家和工程学家相信我们未来的社会和环境健康发展必须达到的地方。过渡工程学家认为当前的做法之所以难以奏效乃是因为我们面对的是一个极为复杂的问题，却试图在狭小的框架内去解决问题的一小部分。例如，认为未来能源问题主要是由于过度依赖不断减少的矿物能源，所以寻找新能源才是解决之道。认为问题在于过量碳排放，其解决之道是减少碳排放，或分离出更多的碳。并不是说这些解决方案毫无用处，而是说它们在解决当前问题时显得不够全面。任何对问题的狭隘看法都不能充分涉及问题的其他所有维度。

过渡工程学的目的是为解决这个棘手问题提供更全面系统的方案。它旨在提出"改变现有系统的方案"，即减少能量消耗、资源使用、废物产生和环境影响，同时保证人们仍能从事必要的活动，及购买到必需的商品和服务。

苏珊认为过渡工程学也可被视为安全工程学。这个工程学分支是 20 世纪初期为应对工厂废弃现象而产生的，它最终导致专业工程学领域的专业伦理观以及管理体系的变革。苏珊相信其起点是使所有工程学专业人士都认识到

> 他们的专业工作能对人类和环境产生长远的影响，因此理应承担必要的社会责任。在为建筑环境设计解决方案时，过渡工程学家会考虑到自己的工作将会在较长一段时期内（也许是几百年）对资源和能源使用产生何等影响，并将之视为自身专业责任的一部分。
>
> 改变社会对工程学家的期待也是挑战的一部分。工程学家或许会将过渡工程学视为自身专业伦理责任的一部分。如果工程学家的专业伦理是给供应方提供解决方案，那么需求方的情况也应该得到同等程度的关注。社会以及那些授权和提出工程学项目介绍的人，应该"要求"工程师支持当前最合理的解决方法，并帮助我们朝着建立最可持续系统的方向前进。

○ 你的使命，应该选择接受它

为什么在本章我们要将过渡工程学当作最后的例子。我们认为过渡工程学变革项目的范围及复杂性，和我们及其他人认为教育领域所需进行的变革项目之范围及复杂性，存在一些有趣的相似性。如果我们接受这些挑战，将我们自己视为"过渡型教育者"（或者用我们在本章中已有的词，即"未来建设型教育者"），一切将会如何？如果我们认为自己不仅有责任支持年轻人规划和创造自己的未来，而且也有责任支持整个系统进行重构，以便为我们自己和环境开辟一个更好的未来，那么一切又会如何？在日复一日，或跨越数周、数年的工作中，或者在生命或职业生涯的某个阶段，我们可以作出哪些改变？

我们希望你从本章离开时能带走一些关键信息。例如，未来不是事先决定的。我们每个人都能施加不同的可能性，但是对于将来会发生什么我们没有一丝确定。我们认为不应将未来仅仅看作是即将发生在我们身上的事情，而是我们可以集体创造的世界，这可以帮助我们采取更加赋权和主动的立场，以创造一个我们真正想要看到的未来。在本章中我们已提到，为了创造未来，我们首先需要的不仅是想象，而且是"严谨的想象"，以不断推动我们的思想——与他人一起——看看可以有效引导它们走多远。此时此刻，我们的教育系统并不必然会往这些路径发展——知识建设、思想改进、"要是……会怎样"等类型的思考或许可以帮助我们成为更加自信和有能力的未来建设者（尽管它发生在某些时刻、某些学校的某些学习者身上，我们已经在前面几章中列举了其中一些故事，可为你提供一些启示）。

作为教育研究者，我们已经看到了这些路径的力量。我们与许多学校校长、教师、学习者、家庭、其他研究者和社区成员都聊过，他们都能看到这些学习机会为何如此重要，以及它们是如何积极影响学习者和其他人的。最重要的是，我们看到它们能形成具有生产力的能量和动机。我们也知道这并非易事。[①] 作为研究者，我们知道研究性知识不能直接作用于世界；只有人们从事与研究知识相关的那些事务才是重要的。通过提供原则或理念——基于研究和理论的支持——帮助类似你这样的人从事自己的未来建设型工作，我们希望就此为这个领域作出应有的贡献。

---

① 在新西兰教育研究委员会的多年时间里，我们经常谈起这项工作，并将之称为"硬乐趣"。

第八章

我们的结论

现在我们进入到本书的最后几页。很高兴你一直跟随我们，在正式结束之前，我们还有一些重要的事情想扼要说明一下。希望我们关于核心素养的观点会对持续进行的课程改革作出必要的贡献，而这种贡献是否发生以及如何发生将取决于我们自己。

○ 严谨想象能帮助我们建立面向未来的课程

在促成教育体系变革发生的过程中，我们每个人（教育者、研究者、政策制定者、学生、家长、原住民家族和其他社区人员）都扮演着重要角色。但是首先我们需要合力发展关于未来的大格局观念——大多数人都能接受的观念。除非我们进行这种团体开发，否则变革就只不过是对当前系统的边缘地带进行修补而已。一旦我们知道自己将往何处前进以及背后的原因，改革方案就会变得更有意义，我们的投入将变得更有方向性，投入本身也就会更有价值。

在本书中，我们以棘手问题作为出发点，试图找出年轻人需要的理解与能力，以便他们在将来即使面对困难和复杂的变化，也能为自己和他人找到出路。我们对严谨想象的过程做了示范，并且介绍了一些科幻作家的想象。我们使用这种想象作为探索学习经验的开端，这种经验可帮助我们和下一代一起创造想要的未来。

○ 核心素养可被视为变革的重要力量

纵观全书，我们将核心素养视为个人思考的重要观念，而不是某种固定的思想。新西兰课程取得了非常重要的突破，因为它清楚地提出了课程思维和课程规划方面进行变革的需要，以此支持年轻人巩固此刻生活和未来发展所需的能力。这是一个良好的开端，但是我们认为仍有空间可进一步推动这些能力概念往前发展。我们已经展示了新西兰课程版本的核心素养在哪些方面取材于OECD 的观点，哪些方面又有所改变和调整。我们也努力超越 OECD 框架内仍然相当传统的变革方案，提出"要是……会怎样"的问题，以探寻核心素养在持续改变的新西兰教育系统的中心地带可以发挥怎样的关键作用。

○ 想象年轻人需要的能力

就在本书最开始的地方，我们介绍了联合国教科文组织所提出的 21 世纪"学习的四大支柱"。我们注意到其中两个支柱"学会生存"和"学会与他人共处"或许并不像"学会知道"及"学会做事"那样熟悉。我们所使用的未来思考过程整合了许多观点，可帮助我们理解学会生存和学会与他人共处的不确定性。正如我们解释的，我们认为所有学生都需要有发展自身能力的机会，如自我意识、批判、对相互联系的意识、同情心、创造力、好奇心和复原力等。

表 8.1 指出了我们对年轻人的期望。要说清楚的是——我们并不是在放弃发掘深度知识和理解的基础上来作出这些改变的。恰恰相反，深度知识是我们总结的各种方法中不可缺乏的部分，我们在前述章节的案例中已作了充分说明。它是知识、技能、态度和价值观的集合——不同学科领域所生成的具体能力——赋予核心素养力量和潜能，以对社会所需的未来建设者进行教育。情感或心理倾向部分，也同样不容忽视，如果在学生当下及未来的生活中，它们是有用的并得到应用的话。

表 8.1 我们希望年轻人学会成为怎样的人

我们希望年轻人

知道自己是谁，珍视什么以及为什么珍视，适合哪些领域。这种自我意识可延伸至认同差异、欣赏多元性，将它们看作是值得珍惜的资源，而非亟待解决的问题。

愿意并有能力想象站在他人的立场上会是什么感觉。他们拥有合作和采取行动解决个人及社区问题的全套技能与策略。

质疑知识主张而不是接受它们的表层意思。因为"正确答案"不会自动跑到年轻人手中，所以他们愿意接纳不确定性，愿意在追求深度理解和形成对问题解决方案的更全面认识时，持续思考和探索相关概念及事件。

超越直接原因，考虑事物和事件的联合本质。对相互关联的敏感性会使学生更充分地认识到个人和集体行动对其他人、环境——无论是本地还是更远的地方，以及作为整体的地球——所产生的影响。这一点也由不断增长的关于事物运转方式的知识所强化。

批判性思考、创造性思考和元认知思考。使用已经开发和练习的思维类型，学生可选择最具效力的思维路径。

培育好奇心以及想要获取知识的意识。他们提出尚待解决的问题，而不只是回答或解决别人提出的问题。

在面对挑战和不确定性时发展复原力。他们接纳错误或"死胡同"，将其视为学习的重要组成部分，特别在面对挑战性目标时。他们知道何时以及如何扫除错误，重新尝试。

○ 学习的机会

我们知道教师已经从新西兰课程中"获得了"强大的变革潜力。有些教师已经找到了方法，将学生有关未来的因素融入他们的思维之中，并确保学习本身对当代和未来同样重要。我们认为这些方法含有丰富的学习经验，可真正拓展学生现在的能力。在本书中我们通过例子揭示了深思熟虑的能力发展是怎样一副面貌。我们希望这些例子能启发其他教师尝试将能力建设的观念融入自己的教育情境之中。

我们也希望将这些观点推得更远一些。如核心素养本身一样，丰富的实践案例也是可以思考的重要观念，而不仅仅是可以效仿的模式。我们期望以创造性的方式结束本书，即简要陈述相关结论，指出哪些学习条件更有助于促进能力发展，因而有助于体现核心素养促进未来建设的方式。看看本书所呈现的实践故事，很显然存在某些支持核心素养发展的学习机会。这些机会包括：

• 致力于解决那些对团体、阶层、社区或世界而言真实存在的问题；

• 基于不同目的，以新的方式利用那些与不同类型知识相关的已有知识及话语；

• 与不同个体、观点和价值观和谐共处；

• 参与集体知识创造和集体行动过程；

• 重温过去的观念和行动——对这些在任何一个给定时间内进行的观念或行动进行批判性思考、质疑，进而更改、调整或改进；

• 在不同情境下创造各类学习机会的联系点。

提供上述任意一种学习机会都将可能激发其他学习机会的登场。此处我们的意思是只要你对自己想要迈向何方以及你将怎样获取某些观念来实现这一点有清楚的全局意识，那么你从何处出发无关紧要。尽情投入其中并抓住机会吧！

参考文献

Apple, M. (2004). *Ideology and curriculum* (3rd ed.). New York and London: RoutledgeFalmer.

Apple, M., & Beane, J. (Eds.). (2007). *Democratic schools: Lessons in powerful education* (2nd ed.). Portsmouth, NH: Heinemann.

Ariely, D. (2008). *Predictably irrational*. New York: HarperCollins.

Barnett, R. (2004). Learning for an unknown future. *Higher Education Research and Development, 23*(3), 247–260.

Bereiter, C. (2002). *Education and mind in the knowledge age*. Mahwah, NJ: Erlbaum.

Bereiter, C., & Scardamalia, M. (2006). Education for the knowledge age: Design centered models of teaching and instruction. In P. Alexander & P. Winne (Eds.), *Handbook of educational psychology, second edition* (pp. 695–713). Mahwah, NJ: Erlbaum.

Bishop, P. (2005). *Framework forecasting: Managing uncertainty and influencing the future*. Paper presented at the Second Prague Workshop On Futures Studies Methodology Charles University, Czech Republic.

Bishop, P., & Hines, A. (2012). *Teaching about the future*. New York: Palgrave MacMillan. Bolstad, R. (2008). A possible future? Senior secondary education in the year 2030. *set: Research Information for Teachers, 1*, 23–24.

Bolstad, R., Bull, A., Carson, C., Gilbert, J., MacIntyre, B., & Spiller, L. (2013). *Strengthening engagements between schools and the science community*. Wellington: Ministry of Education.

Bolstad, R., & Gilbert, J., with McDowall, S., Bull, A., Boyd, S., & Hipkins, R. (2012). *Supporting future-oriented learning and teaching: A New Zealand perspective*. Retrieved from http://www.educationcounts.govt.nz/publications/schooling/109306

Boyd, S. (2013). Student inquiry and curriculum integration: Ways of learning for the 21st century? (Part B). *set: Research Information for Teachers, 1*, 3–11.

Boyd, S., & Hipkins, R. (2012). Student inquiry and curriculum integration: Shared origins and points of difference. *set: Research Information for Teachers, 3*, 15–23.

Boyd, S., & Moss, M. (2009). *The changing face of Fruit in Schools: The 2008 case studies*. Final Healthy Futures evaluation report. Wellington: Ministry of Health.

Capra, F. (2002). *The hidden connections: Integrating the biological, cognitive, and social dimensions of life into a science of sustainability*. New York: Doubleday.

Card, O. S. (1992). *Ender's game*. London: Legend (original work published in 1985). Dator, J. (In press). Four images of the future. *set: Research Information for Teachers, 1*. Davis, B. (2004). *Inventions of teaching: A genealogy*. Mahwah, NJ: Earlbaum.

Davis, B., Sumara, D., & Luce-Kapler, R. (2000). *Engaging minds: Learning and teaching in a complex world*. Mahwah, NJ: Erlbaum.

Davis, B., Sumara, D., & Luce-Kapler, R. (2008). *Engaging minds: Changing teaching in complex times*. New York: Routledge.

Delandshere, G. (2002). Assessment as inquiry. *Teachers College Record, 104*(7), 1461–1484.

Delors, J. (1996). *Learning: The treasure within* (report to UNESCO by the International Commission on Education for the Twenty-First Century). Paris: UNESCO. Delors, J. (Ed.). (1998). *Education for the twenty-first century*. Paris: UNESCO. Dewey, J. (1916). *Democracy and education*. New York: Macmillan.

Draper, R., & Siebert, D. (2010). Re-thinking texts, literacies, and literacy across the curriculum. In R. Draper, P. Broomhead, A. Jensen, J. Nokes, & D. Siebert (Eds.), *(Re)imagining content-area literacy instruction* (pp. 20–39). New York: Teachers College Press.

Egan, K. (2008). *The future of schooling: Reimagining our schools from the ground up*. New Haven: Yale University Press.

Facer, K. (2011). *Learning futures: Education, technology and social change*. Abingdon, UK: Routledge.

Facer, K. (In press). Q&A. *set: Research Information for Teachers, 1*.

Frame, B., & Brown, J. (2008). Developing post-normal technologies for sustainability. *Ecological Economics, 65*(2), 225–241.

Fraser, D., Aitken, V., & Whyte, B. (2013). *Connecting curriculum, linking learning*. Wellington: NZCER Press.

Freire, P. (1993). *Pedagogy of the oppressed*. London: Penguin.

Gee, J. (2003). *What video games have to teach us about learning and literacy*. New York: Palgrave MacMillan.

Gee, J. (2007). *Sociolinguistics and literacies: Ideology in discourses* (3rd ed.). London: Routledge, Taylor and Francis Group.

Gibbons, A. (In press). 'Ah the serenity ...' Absurd ideas about educational futures. *set: Research Information for Teachers, 1*.

Gilbert, D., & Wilson, T. (2009). Why the brain talks to itself: Sources of error in emotional prediction. *Philosphical Transactions of the Royal Society B, 364,* 1335–1341.

Gilbert, J. (2005). *Catching the knowledge wave? The knowledge society and the future of education*. Wellington: NZCER Press.

Harcourt, M., & Sheehan, M. (Eds.). (2012). *History matters: Teaching and learning history in New Zealand secondary schools in the 21st century*. Wellington: NZCER Press.

Hines, A., & Bishop, P. (Eds.). (2006). *Thinking about the future: Guidelines for strategic foresight*. Washington DC.: Social Technologies, LLC.

Hoskins, B. (2008). The discourse of social justice within European education policy developments: The example of key competences and indicator development towards assuring the continuation of democracy. *European Educational Research Journal, 7*(3), 319–330.

Hotere-Barnes, A., Bright, N., & Hutchins, J. (In press). Reo and m ā tauranga M ā ori revitalisation: Learning visions for the future. *set: Research Information for Teachers, 1*.

Jackson, T. (2011). *Prosperity without growth: Economics for a finite planet*. London: Earthscan.

Johnson, L., & Morris, A. (2010). Towards a framework for critical citizenship education. *The Curriculum Journal, 21*(1), 77–96.

Kress, G. (2008). Meaning and learning in a world of instability and multiplicity.

Studies in Philosophy and Education, *27*, 253–266.

Lawrence, F. (2004). *Not on the label: What really goes into the food on your plate*. London: Penguin.

Leadbeater, C. (2011). *Rethinking innovation in education: Opening up the debate*. Melbourne: Centre for Strategic Innovation.

Lozano, J., Boni, A., Peris, J., & Hueso, A. (2012). Competencies in higher education: A critical analysis from the capabilities approach. *Journal of Philosophy of Education*, *46*(1), 132–147.

Menand, L. (2002). *The metaphysical club*. London: Flamingo.

Michael, D., & Chen, S. (2005). *Serious games*: *Games that educate, train, and inform*.

Muska & Lipman/Premier-Trade.

Ministry of Education. (2007). *The New Zealand curriculum*. Wellington: Learning Media.

Moje, E. (2008). Foregrounding the disciplines in secondary teaching and learning: A call for change. *Journal of Adolescent and Adult Literacy*, *52*(2), 96–107.

Norris, S. (1997). Intellectual independence for nonscientists and other content-transcendent goals for science education. *Science Education*, *81*, 239–258.

OECD. (2005). *The definition and selection of key competencies: Executive summary*. Retrieved from www.pisa.oecd.org/dataoecd/47/61/35070367.pdf

Office of the Prime Minister's Science Advisory Committee. (2013). *New Zealand's changing climate and oceans: The impact of human activity and implications for the future: An assessment of the current state of scientific knowledge by the Office of the Chief Science Advisor*. Wellington: Office of the Chief Science Advisor.

Ozeki, R. (1998). *My year of meats.* New York: Viking Press.

Perkins, D. (2009). *Making learning whole: How seven principles of teaching can transform education.* San Francisco: Jossey-Bass.

Pollan, M. (2006). *The omnivore's dilemma: A natural history of four square meals.* New York: Penguin.

Rayner, S. (2006). *Wicked problems: Clumsy solutions—diagnoses and prescriptions for environmental ills.* Jack Beale Memorial Lecture on Global Environment. Sydney: University of New South Wales.

Roberts, L., & Roberts, D. (2001). *Cinderella: An art deco love story.* London: Pavilion Children's Books.

Rutherford, J. (2005). Key competencies in the New Zealand curriculum development through consultation. *Curriculum Matters, 1,* 209–227.

Rychen, D., & Salganik, L. (Eds.). (2003). *Key competencies for a successful life and a well- functioning society.* Cambridge, MA: Hogrefe and Huber.

Shanahan, T., & Shanahan, C. (2012). What is disciplinary literacy and why does it matter? *Top Language Disorders, 32*(1), 7–18.

Slaughter, R. (2010). *The biggest wake-up call in history.* Indooroopilly, QA, Australia: Foresight International.

Sockett, H. (2012). *Knowledge and virtue in teaching and learning: The primacy of dispositions.* New York: Routledge.

Squire, K. (2006). From content to context: Videogames as designed experience. *Educational Researcher, 35*(8). 19–29.

Squire, K. (2011). *Video games and learning: Teaching and participatory culture in the digital age.* New York: Teachers College Press.

Stephenson, N. (1995). *The diamond age*. New York: Bantam Books.

Twist, J., & McDowall, S. (2010). *Life long literacy: The integration of key competencies and reading*. Wellington: New Zealand Council for Educational Research.

Walsh, P., (2013, February 8). Value of uni education extends beyond income. *NZ Herald* http://www.nzherald.co.nz/opinion/news/article.cfm?c_id=466&objectid=10864024 Washington, H., & Cook, J. (2011). *Climate change denial: heads in the sand*. London: Earthscan from Routledge.

Wright, P. (2013). Theory of knowledge or knowledge of the child? Challenging the epistemological assumptions of the curriculum debate on geography from an alternative viewpoint. *Oxford Review of Education, 39*(2), 193–210.

图书在版编目（CIP）数据

面向未来的核心素养/（美）罗斯玛丽·希普金斯等著；高振宇译 . —上海：
华东师范大学出版社，2020

（"核心素养与 21 世纪技能"译丛）

ISBN 978－7－5760－0688－9

Ⅰ.①面 ...　Ⅱ.①罗 ...　②高 ...　Ⅲ.①教育事业—新西兰　Ⅳ.① G561.2

中国版本图书馆 CIP 数据核字（2020）第 166045 号

大夏书系·"核心素养与 21 世纪技能"译丛

面向未来的核心素养

丛书主编	杨向东
著　　者	［美］罗斯玛丽·希普金斯　雷切尔·博斯塔德　萨利·博伊德　苏·麦克道尔
译　　者	高振宇
策划编辑	龚海燕　李永梅
责任编辑	万丽丽
责任校对	殷艳红　杨　坤
装帧设计	奇文云海·设计顾问

出版发行	华东师范大学出版社
社　　址	上海市中山北路 3663 号　邮编　200062
网　　址	www.ecnupress.com.cn
电　　话	021－60821666　行政传真　021－62572105
客服电话	021－62865537
邮购电话	021－62869887　地址　上海市中山北路 3663 号华东师范大学校内先锋路口
网　　店	http：//hdsdcbs.tmall.com

印　刷　者	北京季蜂印刷有限公司
开　　本	700×1000　16 开
插　　页	1
印　　张	11
字　　数	125 千字
版　　次	2020 年 12 月第一版
印　　次	2020 年 12 月第一次
印　　数	4 000
书　　号	ISBN 978－7－5760－0688－9
定　　价	39.80 元

出 版 人	王　焰

（如发现本版图书有印订质量问题，请寄回本社市场部调换或电话 021-62865537 联系）